Word Search

introduction

word Search puzzle is a game that consists of the letters of words placed in a grid, which usually has a square or rectangular shape or geometric shape . The objective of this puzzle is to find and mark all the words hidden inside the geometric shape. The words may be placed vertically horizontally, or diagonally.

To help us continue, please post a comment on site.
and we will appreciate your comments and suggestions.

©2021

Word Search

```
K A A L W R Y K S P V W P P C U M W
P P O V R I I A G I G U J W D S Q E
X E N X U N Z F X U Y W X Q E Q G L
G T U E S G M C U W D H O M T E B L
L E S S O N S S Z A Q R E B H R U V
O J U G Q G F Z H A T D B A J Q C I
P A U S E K K C O S I R W N O B K M
G L W M C O S U W W H W Q T V T E W
X X N L C J V L E A R U B C K R T U
E D B I A Z S H O U L D Q B X Q L A
G K R U A V D Q O Z M F H U I M P C
Z T D O L S Z U Q Q Y R H O H O S G
O M Y W R T Q L U T Z F Q X P X N M
L X Y E E G F S Y Q B Q A O O L B Z
D P B S E R I I Q K L F R E M N U L
A I J D V T X D E T E C T Q Q N T T
Y M J C X V L C W T B K Y B E F D P
```

OWES   LESSONS

DETECT   SHOULD

PAUSE   BUCKET

WELL   RING

Word Search

G E D G M Y B C I H N M K Y P H M K
Y O V U U P W I Y G Y S D U M E A T
B L W D A F V U U R H U X V G M A R
B A J S K E H E T D B N J D U E X U
D A C O M M O N L Y E V G I O J O T
R W Y Y C D O U X B W V K R O R L H
H C H O I C E Y Z S P H D E F P M J
F M R Y R Z G N G X M I N C O I J E
H F X T U Q R H T B S W I T B M A V
Q O P O U Q S T W E L U A I L B N H
B G Z N Q B J Y W I G H B N Z E B P
F H U Q C G D F O E Q C L G T I B R
H S W O W C U Z H A R M L E S S Q O
Q P P F Z G B G G K U H X J S F B V
P J J R Z F X J Y R B E C A M E F E
H J I N C O N S I S T E N T N H F D
C C S V R V A M P Y H P T W X V P H

PROVED TRUTH
INCONSISTENT DIRECTING
COMMONLY BECAME
CHOICE HARMLESS

Word Search

```
Y J I R X J L R G M N U U T M V O H
J B X V A G U E L Y T J H F I B W G
K D W A L R E A D Y P U F L T L Q U
E I Z S F W B T A P U S H I N G D C
D A T E S O O N F C H B K D G V N G
Z X D H S M H I N V B V O C N Y S
M L X O J W R D N C H O U J W T M J
L P J Q O M V E A G C B F G K S L D
O W U F Y I D P A U Y N K A G X P D
A N X Q F K Z C K A N I I Q G H N X
M I R L P K X D R R D G C C R V M L
Q K Q C V J W T N A Z K S Q J V W B
T J G V U H O R E N R I V E R D T K
H E O G I F R I S T R Q B I Y I H E
J H Y G G Q T A P E H S I S A S Q D
S J F E E T N L W E P M A R O J O T
A A O T H U V S H D O K C K C R E R
```

FEET   PUSHING

GUARANTEED   TRIAL

DATES   RIVER

VAGUELY   ALREADY

Word Search

A	U	Z	P	H	M	D	N	E	O	J	N	R	S	S	Q	D	Y
S	B	F	M	D	Z	L	U	P	U	T	U	N	E	P	V	H	Z
W	I	E	C	Z	Z	P	C	B	I	K	L	T	U	P	W	O	X
F	F	E	L	I	F	V	U	S	U	I	T	A	B	L	E	W	K
S	W	I	T	C	H	E	S	L	Y	B	U	H	N	F	R	H	E
F	I	L	E	S	W	M	V	X	P	E	L	R	V	Z	Z	N	C
B	O	W	P	P	P	H	U	K	W	D	Z	B	K	I	J	A	I
F	U	M	B	F	X	K	S	C	I	E	N	T	I	F	I	C	O
L	S	O	P	R	P	F	J	U	X	O	V	U	Y	U	F	Q	N
V	V	S	R	A	Q	K	W	Z	N	D	I	V	I	D	E	S	G
P	R	Q	Y	C	O	H	N	F	W	E	D	S	P	R	O	Q	Z
Z	P	N	N	T	B	V	X	O	G	A	Y	V	A	C	D	W	J
T	B	I	A	I	B	J	A	F	O	T	J	L	Y	C	V	K	I
Y	P	O	W	O	P	G	I	G	Q	R	R	T	S	M	N	E	K
M	Z	X	A	N	B	C	K	I	Y	V	O	M	K	X	N	C	W
K	T	Z	F	A	M	D	J	I	A	Y	U	U	U	T	P	B
B	O	S	D	H	T	I	J	N	X	Y	Y	W	O	Y	R	H	Z

DIVIDES   FILES

SUITABLE   TUNE

PAYS   SCIENTIFIC

FRACTION   SWITCHES

Word Search

```
Q Q V C L E A R I N G O Q O Y I B R
F W U V G W M O T A T M H L Q C Y A
F E T O I A X E N G I N E E R S S H
U A B I F G O A D N J L H W A K E T
S T J N J E J M I J O S E L J F Z E
T H J D L F V X S L S H A M E M I K
A E A E L H I A O W T Q L O R Z M Y
Y R R P Q T X O K J U F T H B J I L
E B L E M C U D R V K F H W T I C B
D F N N K P M X L F O X Y O P F Q L
U I O D N R Z D H A A K D E Q A X T
W J M E O K U E G N I S L T M B N Y
L Q F N G U Z K F E V M R A I E Z Z
N W B T O W R K P S R H W Q L Q W O
D E I L Q X J L Q A S E E K I N G F
O X V Y F U Q G F G N T V A U Z D A
D E D I C A T E S W R J K U C Y J W
```

SEEKING	WEATHER
INDEPENDENTLY	HEALTHY
STAYED	ENGINEERS
DEDICATES	CLEARING

Word Search

```
R Z F J B G F L Y N S F O K T B U Z
O J C O R N S O I K E B C S E H C R
S Q Q V A U R Z E E W F Z O G W E V
E L L J V K G L F P F E P U X O L V
X A R V R G D A L W B W M V S B I L
W F R C I D O W N N E E Q C M O C W
X M J V J C Q Q V I Y S I T A S K S
H F H L K H O G W L B T W K I F T Y
T T Z L X Q E V F K T S P Z P A Y P
L L J P P K A M E N T I O N R U C P
G C B K F A W G T O A G V W O N C S
S B C X Y I M T T D S N L G D I V C
N T V V H O Q J Q Z S X Z R U F A P
V I T N L A O O M X P I H S C O J I
O Z X F G H W D X G L W O G T R Y L
T A L S I R E E L E E X Z V S M E P
Y K W C H G R I Z N A Q O S O H W Z
```

PLEA   ASKS
CS   FEWEST
UNIFORM   MENTION
PRODUCTS   DOWN

Word Search

```
D O T O A O I I Y J F F Z B J I K D
U L U W T G I L D R T P H G N W S E
A I L P J H Q J R E D S I K Y W N V
V J S P J G U O E L I T H Z B Y P X
A N L O F U B W Z J V R P J A K K V
T J R L X K R H V J B A K R T L I D
I X D K S M F O G R N T L E W R M K
M R N O E I E S W F Q E G C S O K N
I W V R U L L E W L A G Z O U J Y A
W C H G A E G I J O Y Y X M Z O K M
M L N D N S Z S J W H B R M Z C W J
J O Z Z X W X P G J L K E E L B I U
O W C I V P W B U C O M N V V Y W F
W E D P A T P T Y U P J P D Q L D D
R S V X I F W B A R A A O I H X T M
N T L X Y X E F E H W T C N L P X J
U T M R U L E N O Y S K M G T V M W
```

FLOW   WHOSE

RULE   STRATEGY

RECOMMENDING   LOWEST

MILES   RED

Word Search

Q Z R E P E A T E D L Y S D V C C R
S H W E S V V F W T Q M A A P A K Q
L K T L O V O N V F V W P Y H Z P P
E Q H O U C E O Y S P A H U F M G Z
X M R O N J T A B D Z K M R E S Q B
B L O K D N Y A Y G H Z N S X B E B
E K U Z I G X Q P Y I T A L W U L D
R H G I N E W M C O E L M O K I K N
I G H H G X C H G C E W N W B L U I
G R X P S F H K E F P W E E V D N D
H L Q L O A D S E T N D N S S I T Y
T I R Q O Q K R F I O I G T M N P B
W W G L X Y A I U B M P X I P G Y V
M S D K G Y Y G K E K V G L S S J I
Z Z A Z Y T H G P A F X F S T K W U
G Z R K G A A L V G I B D B Z N D B
T P Q I J D F X X D Q N E U S T W P

REPEATEDLY   LOADS

SOUNDING   BUILDINGS

THROUGH   SLOWEST

LOOK   RIGHT

Word Search

S R S V S S U P P L Y F N D Y V L D
J E M O S B I U O W R F I N I T E R
A D K K M P X I F Z S N S B H Y U I
Y Y E U Q B X B V S S R T T D O Y V
E G Z R Y M N B N T W N G E N R L E
G V T K I G E A U Z A R B A D I S A
F G U J Y Y K R L Y O E H H L G D B
V N U N E X B S T M R N M Z S H I M
T D S U C S N V I F R E C E I V E D
Q D H D Q V P V T I U K Y E L R C L
D M P D B H Z C V E J L Y N C H Y O
U T X X O C A M Y R J N G H D Q X G
F Y R T T Q V Q J U F G V B M N L S
R I C E H S I Z O S G H V E S T F B
W Q D I U X H T J E V B D F S O G I
O E Y L O K J S C P F Z W A M Y P M
R J Y H E Z Z K V I V U Z I H Y I A

BOTH   LOGS
DRIVE   USE
FINITE   SUPPLY
BARS   RECEIVED

Word Search

```
W V E Y V U O I Q N X F Y K D O X A
K M F M Z H U D L O B S C U R E K L
A I F T A F Q R O W E J W W W I P W
O N D R S N H M I C C B J G E U F R
S D M N S Y D L C U L O W P P O P H
T U G S O N N J T O M V T F P A E Q
U S I Z C I U K K D Y E U F H E F P
D T R S I F B Z D Q Y I J L Q B P M
Y R I P A M Q C O O S X Y Z R H M F
I I Z L T P E R S U A D I N G P V E
N A N A I M F N Q L Y H V S A U F H
G L V G O C L B B Q G X W E T Z K C
T S B X N U O Q R B A Y Q G C A P E
P O D W M E A P U B L I C K R X W C
V G R I N D T F Z L R K J L S L P U
E K V N N B O A Q O L R Z D M G G X
Y L O E G D S R E N G T F Y T N J C
```

PERSUADING   GRIND

OBSCURE   INDUSTRIAL

STUDYING   ASSOCIATION

FLOAT   PUBLIC

Word Search

```
U I Q H U E V T U L G N R N F C U O
Q M E E R N I Y Q A F E D U L L Y C
U E X P E C T L D I M C I C N M T W
Y N L B Q U D S J O U C Z P V Q G L
B M F A D M M E H T T Z R W A V R V
J L V N N X S L I W D A Z L P G U G
W K I D T K N L A D O G E Z P Q F V
W D U T O G P Z W U J R A R E K X A
A S S O C I A T I N G T F A A E X G
D A O C O Q I P U X E J X I R L F U
L S Z E I B X U F T J M P S I I C E
V K A N G E M M J T O E Q E N W H L
R Z V T W R M C P L R A C S G P T Y
S W X W E R C R X Z U E D Y Q E X G
S P F O V I M J P K E D X F R H C W
H Q Q N R S H F U L L Y V O K G Q U
G M C U W N P K W X H H R V K O P X
```

CENT   EXPECT

BAND   FULLY

RAISES   ASSOCIATING

APPEARING   VAGUELY

Word Search

```
L T A R T R D W U Q J B X W B N B K
C F C R R D S A A D U Q Q Y N Q P M
E X T Q U Q T Y A Z W C G V P T X I
B Q S C C L Z X F I U B H G D G D G
R U R W K V V U B Z P B S T J O T F
K Q W I Q U I T S S W E P Q Q R Q E
B D S P F O P P D M Q G E T P U X F
O J I X K X I L N R P U C K H W N E
Y T P L Y N V M I V T N X Z E D Z Y
A A B K D I S C O U R A G E L Q O N
F A F I I B Y S A F E L Y W P B E D
T E R R I B L Y X T C B V I J O H F
B O R R O W O L G C T O A J B T L W
E X S S O G C E Y T C S L M H W G D
E U K Y H W E Y S N Q Z X Z N Q Q A
Z U Q Q A O P H M L H B G X S A R I
F J K C N A L F G W E F U F P A G I
```

TERRIBLY	HELP
SAFELY	TRUCK
QUITS	BORROW
DISCOURAGE	BEGUN

Word Search

```
Z K Y O T C I R N K U L Z S G F Q Z
X W J T K M J T T L X M G Z T H A U
W K F K T T P T I S O Z R B W K R F
D D C R M N G H L Q F G K Y B H W Y
I W O R L D R I J U A H Y A H B Z C
S L I W N P P N O N E A R B Y O Z M
A C Q U I C S K K L B G J E J R H Z
G T F R S W Z S T R M U F W G R U I
R J G J B R H Z D L F G V S R O J L
E M E R E R V X M B Y H N S Y W D Q
E U N X E B E Z M I W D C N Z I J K
N F H H J R J S Y C H X D Q B N R E
B W T V L W V J U X W T K S E G E C
M B B Q P V G J Q T C Y X L O Q Z Z
S P R O O F H L B E M F G F X W V Q
I E V L O S S X T X G F J W Z D D E
W L I J L E N C R I T I C A L N X P
```

PROOF   WORLD

NEARBY   CRITICAL

DISAGREE   LOSS

BORROWING   THINKS

Word Search

```
U C P L P Y I A P S S Q P V M U S J
U J L T O A F R V H B R D D M D M U
Y N H Q E A P L P Y B O A Y L C L E
N R B J N M L O O K I N G N U K M H
Q J A T T V O N V G B F V A N K L C
W T H C W E N T N O X P V U C E N O
E K N Q N Z W E S D W L G B L F D M
A G O L Z G U K Q J X P Q F E G Q P
V Q T Q C H C X T U I H F N A G A R
P U F B Y Q U Y M W G X R A R U X E
S J H P R M C L E Q O Q X W P O G H
W M O W Q K F T F I Y O V J W V Q E
I Y P Q J H I K Q S N W H C Z E T N
F B R K C V T L R Q E F A M O U S S
T Z V I U S C S N T M Q C G G K Y I
V R J F Q S A V E S Y U V V N N V V
W W M A T C H E S R N S P C A D U E
```

LOOKING   MATCHES

UNCLEAR   WENT

COMPREHENSIVE   NOT

FAMOUS   SAVES

Word Search

```
A D J P M Z S F C C U J B V S N K H
S P O T T E D R S E W W X U F O W M
G L C O C A R R I V E O N T U Q D Y
K L O A R U S S G W F Q G R I W D U
D P D X Z K P V U Y W O Q K E C R E
R S T A N D S V Z A H T C C F R G R
Q V P I O B G M Z L A L G R J Q D U
B W M J I Y X W F Q X C D J P Z X U
J Z A A Y C U D G N O F Z A F Y M Z
Z Y I A H N V O D X R A R E L Y G G
D T N V Q H A L W X S R D W C F K X
J M T P B A K K H N H Z Q A R I G I
F N A V N N T O W A R D N Q U A E K
I S I X D D N Q Q E O P E R A T E D
J J N R D Z U K E E O C Q M Z Y D U
F V E X X Y P Z Y B N Z W M D Q H J
D K D U Z J D P B X V G M U O B V R
```

OPERATED	SPOTTED
RARELY	ARRIVE
TOWARD	MAINTAINED
HAND	STANDS

Word Search

```
D Q B S H F V W L T R U M H V N B K
S W X U L R L M W B I M S I R T Q L
M S W K W J D Y Q L C B C H E Z O A
O I M F X S H M L A H E Z N S T E T
D W O T L E P D U N P F C I C G Y D
E A W Q Q T O I N I N G H Z C Y I P
D S P D L K B L F E P O A U T S H Z
K T Z R D S D Y O Z F D N S L D Z Y
C E Q Q R K Z U O V W U G T V J D I
B S X S P Z N N L I F X E O V F X G
M E L G N N U Y J H D T D P Z E E E
J Y Z H S Z W I Z L A E F P I O K O
G Z B Y U H I S S U I N G I W L B Q
S E T H G L B J Y A N Y M N R Z X J
Q X X U A J L F B Q H X R G L K K Q
U E J N R F R Q M L W G O Q E O F H
C O S V T I H Z Q I N T E G R A L B
```

SUGAR   STOPPING
MODE   ISSUING
WASTES   SET
INTEGRAL   CHANGED

Word Search

```
V D X A W I D P N J D I G D P H Q A
Y A R E A D V E R T I S I N G S L B
Q B W T R E A T M E N T H V F T B T
H J E D U U H Z T A K G D C G R I N
A Q R C W N N R A A A P L E U E B A
U M T V A G Y O R D K E B O F N R F
G O Y Y I L A W L B R X I R V G M L
S G N P K T N E Y L Q H U Y G T Z L
M V B P N K Q Q Y S Z B V K Q H V M
G A G R E E I N G X P Y S M Q X N P
O O S U R L C S K R F I T G W Y H H
N F C D X Y Y U P L P C U L M G A Z
E Q A K V U X W G C B E C B V D M R
B W N K C S W A D X D U M Y O H Y J
G R O R B Q T G L P R M A N A G E D
G J M D E O O K G F M B L O F F G J
A R D K J S V N J F Y Y E O X O P Z
```

GONE	ADVERTISING
LAW	STRENGTH
AGREEING	SCAN
TREATMENT	MANAGED

Word Search

W X O G I A V W O J S V E D R G U P
M X S N O G C E E V L I N P V J L W
I Y Y Y O R A A G G A N A V M O C B
R Y B D A C S T P E B V B F D J P U
T L T K O N E H G F B O L U Q T U P
X G Q P M S S E X I N L E Y A V R P
D O A G U A N R T Y Z V S R T U X V
M X J V V V I B J I Y E M Z T Q I S
X P P F I U T W M L D D P F E S M X
H E D J N X M U P I K H D S N X P W
I V X B E F D M U F L L E J T G L W
W E Y Y M Z P A Y S L W A J I O I W
C G F P L S U V L M G Q D W O Y E G
J T G Q L T F L K M P Q W N N F D E
F M T U B G B P J R S O Q J U J X V
X A I N V X L S D W H T R B W E D K
A Q J N J F Y N Z N Q P Q O X I T Z

ATTENTION   PAYS
ENABLES   DEAD
IMPLIED   INVOLVED
CASES   WEATHER

Word Search

P Y I B V A X V Z J Q S L H Y Y G H
E S G G J H U D U S Q O A X D B M U
G R P A F L U M U K W Z O G E R O L
R L E E P A K K T O S C B W O P Q D
Q K R Y V A R K T W D S E C O N D P
R E S T R I C T S N T N F N Z E U E
A E E Z I L M N V T C B C A W O J T
E Z B A C K I N G P O C S S C B T C
C S F R S X S P K P L R T Y M W D U
P V L N A M E L Y R Q Q M M I D P R
W Q G E N R P F D I S C U S S I N G
W F B Z J E X P E R I M E N T A L G
F A A O Q B F I L L E D G R A K H N
F I N V O L V E Y E Q C C B G A K S
K A T Q C A E Y V S B Z O P S N I N
F Q M O I T B P Q U C E J D G B O F
S F K N S Q X T W L Q Z E B G M D S

INVOLVE   EXPERIMENTAL
BACKING   NAMELY
FILLED   DISCUSSING
SECOND   RESTRICTS

Word Search

```
O N Z T E N X N L Z Y A Y P Z W Y I
R K L H G T C Q P K P V W E W V C U
Q E E Q D V X S R H N X F M P B W O
J Y S S D K G Y O I W Z Z K O Y G Y
O D E R K X S F D I V Q B E A L G R
U U N N O N E J U M B U O W G A T D
H X S F D K R W C Y S G F X E B I R
J T I D A X T A T F R G J T P Z P J
P C B E N K L R S A S E D T F P H F
Q Z L Z G N P N Z U F M C K L K V M
Q P E Q E A H S S M A L L M M G R X
Z Z T I R P E R F O R M E D J M S O
B Z Q Y R S I R V S I Y S A A G W A
H S S Y M D C T Q T O E T H V D C E
T Q O B J E C T N S L U P B K N O I
V M Q M N Q J W I G D Y E M Y D H L
W S B B J G N G V N X D A V W S R A
```

SENSIBLE   OBJECT

PRODUCTS   PERFORMED

NONE   SMALL

WARNS   DANGER

Word Search

D	F	Z	R	Q	S	O	F	D	M	P	J	O	O	M	K	I	S
S	A	D	W	F	U	K	N	Y	T	X	M	M	K	I	U	B	P
C	P	B	Q	A	N	O	H	S	O	X	I	O	I	S	S	Y	E
W	U	B	H	T	X	L	K	J	M	P	J	L	K	R	H	K	E
F	A	F	H	H	J	E	Q	I	A	Q	K	F	G	C	F	R	D
I	V	U	Z	E	P	H	Z	L	H	N	W	N	T	H	G	W	K
S	E	R	X	R	C	O	M	P	A	R	E	S	T	Z	A	N	N
K	D	T	X	T	I	U	L	J	L	F	Q	L	I	L	U	P	Q
O	S	H	C	G	B	S	E	W	G	G	W	P	I	E	T	L	L
A	X	E	L	I	R	D	L	E	R	N	B	P	P	R	H	U	F
B	G	S	D	B	Z	B	D	S	Y	X	G	W	Y	K	O	G	A
U	K	T	X	R	K	D	O	F	S	E	T	D	P	S	R	E	P
R	E	U	L	S	K	V	F	P	H	P	H	F	K	C	S	O	F
E	I	Y	O	A	N	D	F	S	J	F	Q	W	C	A	X	S	L
S	W	V	M	E	N	T	I	O	N	I	N	G	Y	R	X	J	H
R	P	X	V	C	Y	G	Q	I	N	P	L	A	N	E	H	Y	L
A	K	N	T	R	P	Z	T	G	U	Q	W	G	P	S	X	O	C

AUTHORS   FATHER

SPEED   FURTHEST

CARES   COMPARES

PLUG   MENTIONING

Word Search

```
N W H R V C M U E T O Y Y T F N Y O
P E L B T C L B Z K V M E M B E R S
T E E D P N W E S G K Z H I A D V T
M A G E L W A I D O E A D S S H K Z
X E G K R T Y L C X I P E R M I T S
R R E Y E Q D T W J N P F M C X E N
R E Q U E S T E D O R K V P O H Q X
K O L N N L E J K F S N U G G E B Z
I C H I S Y T W Y A W J S K N F T
Q F P P E W C Y C O T P S I X C X V
D Z K S Q E X P R E S S E S Z E F E
R R B J X L K B N G U B Y V O Q D Z
D S G J F G P C X C Q W Z N N B S O
I N T R O D U C E S M A A J M Q T P
R W S J J N Z W A D J B D X A Z J X
G O H Z M Q L K O E U W I V G W P D
Z L G F Y J A O T O K N O C I L N C
```

REQUESTED   HENCE

INTRODUCES   MEMBERS

EXPRESSES   WAY

AGE   PERMITS

Word Search

```
G M E C Q S G W I N E V I T A B L Y
C E H M Q O Z R H O B V K N R W E W
G N A E F A E F B D U J I T Q W L U
H G P E U D K U I S F E A B R X N V
W K G H H F H I G E X P R E S S E D
B S Q V R M Z D G L D I R E C T E D
U N M Z I C J T E I O Q B S L Y W U
L B O C R P U T S N V Y C Y G O I W
Z Y W O Q I Z F T T P U N D K X V O
U S F N O F H I S E U Q D T D P E E
L V A V C R P E Q N J K V N T T R U
V P C E E C R Z W D C E R B W T F I
W E I R E W K J W E C G U C W N T H
L U L T I K E T R D I U T W A T I G
O U I S Q K K Y E I K I S X D V T J
K H T O N L S U P P L Y Y Z T Q Z Z
M V Y G K B P A Z H K C C M D B B Q
```

BIGGEST	DIRECTED
CONVERT	SUPPLY
INEVITABLY	FACILITY
EXPRESSED	INTENDED

Word Search

O Q X C E P A M D E M A N D T C R H
O W S A V W B P C U P J R T U D A F
Z Q L B V W I Z Y W O J T P I Z C K
X Y U N L I K E Z H P U R E I Q J B
P Y I R S R S X Z Z O E A U S Y L B
W B S C J J I X E K E V E N E D O S
R Z R V M K U U R E Q U E S T E D Z
H A G K H A G W J W K C Z P F C Y E
N N D H T A W I N T E R E S T I N G
T A Q O R E V O Q C Y Y X O A D W E
K H D Z A J H U L H S P Z Q N E S P
M I Q R H U K U U R A T R Y N D X C
Z G X Q W B N Q H L G O Q D O E C W
Z Y C Z U H T D A A J E V V Y O J C
C H E Y F S H Q M E G N X D I X F E
Z H Q K W E L C O M E W L B N F J U
B F C H V R E N P Y V J F M G M R I

UNLIKE   INTERESTING

WELCOME   REQUESTED

DEMAND   ANNOYING

EVENED   DECIDED

Word Search

```
C U Y X Q C O Q Z Z K P Q T R C V V
W A K E I W J X W R D B K F A U N M
K S U H S Z H N E M E R Q I R J O T
W I V L S M R E U F S T A H P Q M L
S E Z V T K A I M E P L D I L J X A
Y B P X K O T Y Z W I F Y W A A Q H
C Q T N G P H K P I T W A M C O T O
W A S D E L E V R K E S V Y E F S P
W L T H O B R K E C N M K X B R V O
G D J M X I X F Q I Y J C V F E R A
T K H T J P V K U V S K I L L V Q X
G B G I R L B I E C T A W O H E Y B
Y V G F F K Z V S U L A X O Y A F V
I T C H I X W I T I H T X S V L F D
N S W C R H B J X R W O I E I E Y M
F I M P R O V E M E N T H I K D K C
Q F W B D V G N U L F Q X P E O B N
```

REVEALED   DESPITE

IMPROVEMENT   LOOSE

SKILL   RATHER

REQUEST   PLACE

Word Search

```
W B U I L D G I S N I S K R I M M G
E I F A A H J T Y L I L T U I N D I
W T H G U P F S X V R K J K S Z S M
T I S N B R W E E N D L Q Y M Q C W
G T K V D W K L G B E O Q P B C L R
E E T T V I X F S S U V K C U U K F
Z E K E B P O H Q L P Y H E L L F I
Y W Y M K C P O Q I V A F F E C T S
G A Y Q R J V B P R I N T I N G S Y
D O Q H H P B C M Y E T Q S K Y T S
M A R P K P Z H F O E L E C T S A X
K E C E O U B E G I N S J C G N F B
D W R P C Q A T N Z P V P W M T F I
J Y W Y F I G N W J Q Z X S Q T I O
J Y N N E F J Z R W D O R J I A B M
D Q O J I W F Y I K Q W M Z Q B I I
M Q D D K B U Y O V H H Y H X A S R
```

PRINTING   STAFF

BUILD   ITSELF

BEGINS   AFFECTS

ELECTS   HELL

Word Search

J	T	C	B	R	D	E	Z	O	X	G	W	A	R	N	S	V	G
Z	E	O	X	C	O	X	K	W	D	D	A	R	N	I	R	A	R
F	C	O	V	Z	L	T	N	D	E	K	K	P	J	L	F	B	N
B	H	A	T	G	J	E	C	B	L	Y	S	G	K	T	L	R	F
I	N	D	L	N	H	N	Z	F	I	K	G	F	R	U	L	C	A
D	O	M	Q	N	U	D	W	M	V	M	D	L	X	T	L	T	U
T	L	U	D	Z	J	E	K	Y	E	O	C	U	T	H	E	I	R
I	O	C	Q	M	S	D	K	X	R	L	L	F	G	J	R	J	A
W	G	S	T	C	A	G	N	M	E	A	A	B	S	R	B	W	M
X	Y	Z	J	J	Y	U	E	Q	D	M	R	O	S	A	J	S	U
Q	P	P	M	H	T	I	C	Z	E	J	I	S	Z	Z	E	L	J
Z	K	P	V	I	P	J	E	G	R	J	F	Q	A	R	H	M	W
N	I	O	K	S	Z	R	S	V	I	X	Y	H	N	J	M	F	G
C	A	R	G	R	Z	I	S	J	V	E	D	Y	W	Z	F	G	F
T	Y	S	Z	E	D	D	A	N	B	H	W	M	I	R	G	I	J
O	E	X	L	L	S	T	R	F	X	H	S	P	P	J	Q	F	I
Q	R	H	J	W	W	B	Y	R	B	Z	S	U	S	O	T	Z	Z

THEIR   DELIVERED

WARNS   EXTENDED

CAR   NECESSARY

CLARIFY   TECHNOLOGY

Word Search

```
Q D K T X F L M E A S U R I N G S Z
G Y W U B K O G P R E Z Y U F H U O
B M M R T Q Q D K L Z M H P I S R P
I Z F D V W Z T A C N C B V H N N A
L E S G Q D S P L W S R E F E R S Q
X S F P Y I E S X Q G B I G S Y J H
A Q O B J D N B X E A B O D J D B S
Q T G K T P T G H I D I N G C D Z V
P R A G U V E C W H K N N X U B L F
G U G A F C N A J D U P V O Y Q B G
R C K T X X C R Y D B Z T M Y K K L
L K V B G N E D L I Y A U V W X K I
E Z G V O Z S I R Q N F G H Y B T O
X C F Q U U W P D Q Z M D F Y V K Y
U G Z O J O V Q M M Z W G S D F J R
E L F L E W I Z W L C Y T C L F D Y
Y F V A T Y E T X E N T I R E L Y A
```

ENTIRELY   REFERS

MEASURING   TRUCK

FLEW   CARD

SENTENCES   HIDING

Word Search

```
Z U Y V F W K W M G M T R Y S I F N
B D B C R I T I C I S M E L I E C F
K M T I X N R Q B D C X G Z Z B L Q
S H K B K N H E W V K T U F H B B A
T C D A S M W W H S L H L Z X T H B
A U W A E R H U B B D O A O E A H P
N T J R P B R T Z E B U R A K A W E
D N V S J O N L U E Q S Z U U G O I
I Z V T U G F I S P E A K E R S N P
N W J P L J Q G X N A N A O S Y H G
G S E F F O R T Y K E D F V A R O I
U H Y H N D O V P Q G S J L R W L Z
W A F M C C M O Y V T U O C Q S I D
D M S A N H D T K R J Y Q C Z X D R
S E H D T G P P C R K K L P C D A T
K X C Q A V D H G G Q I H D S Q Y N
J C K O Y A E V D C T H T S M W S S
```

REGULAR	SPEAKERS
EFFORT	SHAME
STANDING	HOLIDAYS
THOUSANDS	CRITICISM

Word Search

ON
ADJUST
FEDERAL
PERMITTING

REMARK
POSTS
COMMUNICATE
MIXING

Word Search

```
S R Y G N X L U W N M J S A F D G N
Z X E J A N I S A B X B P V W P L R
U O E T X O V I W S U F F E R I N G
Y P G G C F I T Y M V U L Z H Y J V
H B A S Z Q J K E B H L L K C J W T
J Q B A S S U M E D Y E B H I K S T
G U A F Z E L M O F V C I T L R T H
I U L O B X O D X U N B A I F L C U
W S I C N P P J Z F V W F C Y U C P
A L L O W S B R O O U T P U T V U H
X V B V X P I F I V S W U F W E K D
X S O M Y O M E Z J J R M A M L S Q
N A R L Z T P E R I G Z Z M L K F C
O C Q P M F L Y D L N U X X U B P X
P R O N E Y I M N O T I N G D U X S
O F R X A X E P V G N K Q R E P V G
T P O A I L S Q A N O J D O W Q K M
```

IMPLIES   NOTING

OUTPUT   PRONE

ASSUMED   IF

SUFFERING   ALLOWS

Word Search

U O G D M E E A F T E R R M U I N V
D Q N G M N J B M X Q O I P P Q X P
Y B B J S Y M A P T E O G A N Y S X
M E R S J X N X L R Z S Z F L H D A
G Z P B L N G Q T U F P L K Q Z C L
Q W Z R M U Z Z U T T Z D X E Y W A
J U H O Z M O Z W H R P Z Y V Z Q O
U L N A U H Z D W Z X T C E P K O D
T W F D O N B M M C S M C D M K E C
J G S C A A G I L E V N C G H W I K
N A R A P S R F I U B W T R W Z L P
G O L S N E Y Q U L H G B I I P X E
L Q S T E Q U A L L Y E X T E N D S
U M M K J K X I K M O R E P I B F A
O N H E A S E N D J A W L U W A A Y
G C K H O R S E W Y Y N P T X S J W
Y N S Z Q V F B I D N O N H P J A Y

BROADCAST   AFTER
SEND   EXTENDS
MORE   HORSE
TRUTH   EQUALLY

Word Search

```
C X R X J E T R A N S F E R R E D M
J P X Z Z S A K O H U Z W P F F Q R
J Y T D C D V R F K B D A J I E M M
Y U C D Z C W P Q X S Z H J S I R Q
V I R T U A L L Y P T O Y T R F O B
M P O W W Z Z Q C S I L Q E O K R V
E X A R G C Z Z W A T I T E H D C J
M N U O S S X T B X U T C G F Z Q W
D C N V J Z S X U C T E E M O V X G
J H N B T U H O B O E R C U N Q N M
V A S O Z F L Y A A R A V J Y E I V
I Z D Y D I E M F W Z T L T L T Q S
A M X B Q D H W G Q W U F J N L J R
V T Y Q D N A Y B D I R E C T S Y A
R E F L E C T I O N W E D Q R G X U
S Y O Z W I B N M H Q O Y W W N W I
D V E S E Q U E N C E S S A J J U V
```

SUBSTITUTE   SEQUENCES

TRANSFERRED   VIRTUALLY

DIRECTS   REFLECTION

LITERATURE   DIE

Word Search

W H H Y U J V K S X S I V O T B D L
D B C M D L B A J E M M J U L A V M
X I O S N I R K C S A P W I G R W X
F V N P O O O D F G C R Y O G P B X
W P I V Z I E D Z Y O O Q F V Q C Z
U Q N Q R H P A L S M V E X Y L K N
X B C L O O K N H N M E A X L Q D W
Q I L A U X D Z B C U M Y B A S I S
V R I T N L T V Z K N E R V I K V T
T X N T D G D B A R I N R O P S M J
E I I A S S X Z H Q T T H V X M Z Y
K H N C R Y H L K I Y S V E U U A X
Q H G H B O Y U V Y T P I Z O R D O
I H V I K E J H A R D E S T Z C H P
E P V N K C W V X M E B O V C Z G D
U R H G L T B B C V E P B C B L Z R
R N B T Q B N O E O N L W L Z E B E

IMPROVEMENTS   HARDEST
ROUND   INCLINING
ATTACHING   BOY
COMMUNITY   BASIS

Word Search

I	J	F	P	X	D	M	G	A	S	E	O	I	F	P	Q	H	O
T	T	M	B	Q	F	Y	K	I	B	R	H	M	I	J	E	C	R
R	U	V	V	K	S	E	H	A	N	G	R	A	D	K	I	G	C
Z	W	W	M	U	E	I	T	H	T	U	Z	G	O	D	E	M	Q
R	V	F	D	I	L	D	L	A	C	H	H	I	Q	U	I	C	E
O	B	Y	B	N	L	W	Y	O	K	N	T	N	J	B	F	R	M
A	X	B	W	V	J	C	E	B	T	X	Y	A	K	O	L	M	R
W	F	A	N	E	L	O	L	S	P	I	S	T	I	G	Y	D	J
Q	S	S	M	N	E	N	D	Y	X	A	Y	I	S	K	I	N	H
X	U	I	S	T	D	F	O	B	Q	T	D	O	Z	K	N	T	Q
L	X	C	A	S	M	I	C	X	D	F	P	N	L	F	G	D	L
C	E	I	C	T	H	R	S	E	P	A	R	A	T	E	L	Y	R
N	R	Z	D	P	Q	M	N	B	J	K	Z	E	G	B	X	B	L
D	X	B	Q	E	X	I	D	I	M	A	W	O	L	E	L	R	W
P	D	Y	Z	M	V	N	H	P	C	O	E	A	R	Z	G	C	Z
D	C	F	Z	X	E	G	F	I	D	L	Q	Y	D	W	U	S	N
L	F	G	Q	M	C	B	E	H	Z	X	A	P	U	V	O	Y	U

HANG	BASIC
SEPARATELY	IMAGINATION
SELL	CONFIRMING
FLYING	INVENTS

Word Search

```
N  I  B  W  M  M  W  P  T  U  X  U  C  O  E  P  O  U
M  R  R  D  A  X  O  E  B  K  N  J  Y  R  C  J  H  H
P  H  S  E  J  Z  R  C  Z  B  G  B  C  B  G  Y  Z  N
F  E  R  X  F  M  K  E  B  I  F  J  A  D  A  X  F  Q
C  A  O  A  L  V  E  S  I  T  E  J  R  O  E  D  O  N
M  Y  P  M  K  M  R  A  Q  U  M  R  R  T  G  U  W  Q
Y  S  C  P  Q  K  E  Q  P  X  P  F  Y  P  K  B  L  I
J  O  C  L  Q  V  O  Z  R  E  F  G  W  G  P  O  K  T
G  Q  Y  E  V  Z  E  T  P  C  V  Z  C  L  H  A  D  R
X  C  A  S  E  X  B  A  M  R  M  V  H  Z  I  A  V  K
V  G  C  P  E  Y  M  G  A  O  G  W  Z  U  L  A  O  N
R  S  T  O  Q  V  C  R  A  Z  J  V  W  O  W  N  E
O  F  I  C  W  E  K  I  D  H  R  J  G  O  S  L  K  W
D  E  O  L  S  Z  M  P  Y  T  J  N  E  P  O  A  W  L
L  T  N  G  O  R  Q  E  B  N  O  Q  C  N  P  D  P  G
X  P  L  J  Q  S  F  Y  Z  C  X  I  L  Z  H  Q  I  Q
G  X  L  A  P  Z  J  H  I  A  X  E  I  T  Y  W  J  G
```

CRAZY	ACTION
PHILOSOPHY	CARRY
SITE	KNEW
EXAMPLES	WORKER

Word Search

D S W V K U S C H Y Z F K V Z A U F
X T E K P S E R V I C E C Y E N O I
L E F W U U N H O Y B A E G U W W R
D D E E M S K X R E K E X V C C K S
R X K A Z C D V E L C A R H S O D T
L I X X N S D C L A B U A J Z M T L
Q Z R P J T J R M C R P W T G M X Y
T I D B U X C L D E L E C J H A F U
N X T O K C A H P D P Q W I R N I W
X H B Q Q H Z I U W R M H L P D P K
Y K T S Z M C O M B I N E L A S O O
L T I U I G N Q G E L N X Z L D S H
O X Y A R S R U E W O R T H I A O D
X P L G P A I N F U L D W Z U U G J
K U F N V I R T U A L L Y Q X I W F
W C K L E J Y V O M P A B R M K U M
M C Q L X C E F Q B E T Q Q D M S U

VIRTUALLY   DEEMS

SERVICE   WORTH

PAINFUL   FIRSTLY

COMBINE   COMMANDS

Word Search

K	J	S	T	I	P	I	V	G	W	H	R	L	V	A	S	U	F
O	T	G	H	N	G	S	I	R	P	D	I	T	O	S	R	V	L
V	Y	D	V	N	F	E	K	U	K	L	D	X	M	H	J	P	M
K	X	P	L	A	C	A	D	Y	O	Y	E	T	G	E	U	R	D
V	T	O	V	I	F	R	N	U	B	Q	L	Q	O	L	J	Z	W
S	C	K	N	I	E	C	V	O	D	P	E	H	N	F	U	W	S
A	S	G	H	O	Q	H	V	H	H	T	V	Y	F	Q	X	G	C
E	E	E	M	C	Z	E	Z	D	W	I	E	X	O	Z	L	U	O
Y	N	B	G	C	Q	D	L	K	Y	I	L	Y	Q	T	N	P	R
U	N	T	S	P	U	T	A	B	Z	A	T	A	X	U	I	M	E
C	T	S	E	K	Z	D	Z	E	Q	Y	G	D	O	H	H	R	S
G	J	U	B	B	Q	H	E	R	U	U	A	L	G	I	Z	O	A
C	I	W	V	G	J	A	K	M	L	E	L	E	C	T	E	D	R
C	H	K	N	B	K	C	C	A	H	W	A	T	A	X	W	M	K
L	L	U	O	J	E	K	X	D	Q	G	S	E	C	M	C	W	Q
E	M	X	I	M	C	D	W	E	X	O	N	Y	W	X	Z	T	F
L	I	X	V	S	R	J	X	M	Q	X	W	C	N	L	D	H	U

SEARCHED   SCORES

SHELF   HER

LEVEL   TAX

ELECTED   MADE

Word Search

```
R J O P K O R A W C H O O S I N G M
X N C T P M E Z H A H E C C C G A W
U A P F C R P M A W X U P O T C V K
G H O W X U I I T I G A I N S W E B
U K E Y O N S Y E Q V H G H W X T W
X O L N M S N L V M E F F O R T I N
X K V U W K W A E U S E R Q V R M V
T W V U T E S G R F K H K B Y Z J N
S A H D J L G Z X E E I M G G F T B
K L E U N P W V S S X A U P V W D T
F L L P B C J K G N I V R F K U X R
H O L E X D R J G A S I Z M N T N D
H W U K I S O F L Y T P W F Z P O W
O S X B H C N I S O E A Z H Q V T Y
I R M P E U G G T D D W D L N O E A
B Z F J Y G Q L M A M N T Z N O H Y
A W C V L G C Q B B Z K S P D H K C
```

ALLOWS   WHATEVER

EXISTED   CHOOSING

NOTE   EFFORT

USER   GAINS

Word Search

S Y M E W Q M Y R M Q T C P H E W E
R E S X P P W P X T V T L W T E Q K
J Q U G K N T W J R V J Z D H T Q J
N Q B L T B P C K C F K A C P N L J
E Q J V J R O U J Z Y G R X M G E Y
C N E O P E X G S P H U V R H A O M
E M C T T U C J S P Z V X F O N U V
S G T D P R O C E S S E D D N W K U
S I S D N Y N E O R L E G A L L Y C
A A U E B E P L R Q E Q N I C P V C
R T S S E O S P P B X N P V L P Q A
Y E K U L D Q N T V A D E D A L P D
Z N D X S F A B L W B N N R S E H A
M B R L E A D E R Z Q S M O S L D E
D E A S I L Y C G R G D R K Q D W N
Y W N T E I Y G X L X G L S U X Z E
U K Z O X Q U W W C K F O R M S P U

CLASS   NECESSARY

LEGALLY   FORMS

PROCESSED   SUBJECTS

EASILY   LEADER

Word Search

```
L T O T R A N S L A T E S G Z K U T
Z O B G Q L N S A X X S T P N N E A
G C O O Q C H A F M T N I E J R S C
F S R E P H C Z I N U W I M X S T I
Q Z N J X A B R Y W F O H Q Z U Q F
V M F H D R B W F O K V Z N H S B A
B E S F E G C A M Z H I O E C P V D
M T V G J E N T Y V T J K S A E U A
E A C S G D S C C I J H G I M N A M
T L G N D Z G H F S I S V M P D A T
Z L L N U F O L L O W I N G A S B Q
V I Q D V W G C O F C Y E U I I H M
C S K H O L F C H H O O L W G D F O
R I Q O M P R O K L W U R W N I E P
Z Q D N U S T D Q T P Q B F Y G V S
A I G E U S U E G L O C A U C T T X
O N G J W H Z S Z S N H D B X Y I M
```

SUSPENDS   WATCH

FOLLOWING   CAMPAIGN

CODES   TRANSLATES

METAL   CHARGED

Word Search

E	A	Q	R	E	Z	Z	L	S	E	E	C	Q	T	E	S	E	F
C	L	L	I	L	R	N	U	U	T	F	O	N	Z	M	K	C	E
P	N	K	Q	F	G	Y	C	M	K	K	N	N	R	D	B	O	X
K	D	Z	G	R	O	W	I	N	G	Y	C	V	X	H	Z	K	P
W	Y	Z	N	M	R	D	G	Q	R	E	E	E	G	J	P	U	E
Z	B	A	N	K	I	K	E	V	C	L	R	R	H	T	L	V	R
L	L	H	R	E	C	E	I	V	E	S	N	S	P	Z	Q	I	I
C	M	H	H	K	N	X	K	N	E	R	I	I	U	H	G	Y	M
I	R	B	P	R	E	R	U	L	F	E	N	O	J	B	M	A	E
G	F	K	K	H	G	E	C	V	B	A	G	N	P	L	A	W	N
B	Y	Y	R	E	S	P	E	C	T	I	V	E	L	Y	E	D	T
V	Z	X	K	C	J	R	I	H	X	B	D	L	H	T	J	W	N
U	X	D	K	V	S	A	Y	Y	O	I	H	R	O	G	U	N	J
M	Y	D	F	O	W	O	W	R	C	Q	S	O	M	E	H	O	W
Z	H	O	C	N	J	C	H	W	U	S	J	N	W	K	M	M	Q
E	Y	V	F	T	G	D	O	G	I	I	Z	C	H	Z	S	C	D
A	M	O	J	J	Z	T	B	I	S	Y	P	E	P	P	J	S	Y

RECEIVES	BANK
EXPERIMENT	RESPECTIVELY
CONCERNING	SOMEHOW
VERSION	GROWING

Word Search

```
C X A G U B F S U I A G D H M S G W
Q L K J N H Z C W I D A V C M U X A
W G G G K O N O P P O S E D V A I I
A S U O I N C O N S I S T E N T D I
C N A T X C Q E P M H S V J W P T F
A K Z T F F J J R B V X I P M L W Q
D X H E U F U F O R T U N A T E L Y
E R F N F L T U H D O I K Y S W W X
M Z Q J K S A A B N W R R H H X E T
I Z B H E V P E X I C C L J R K X O
C S T G W W E M I T C A E T V T A C
I D S D R L A H L O U D L Y U F C T
U T K F R F U L O G L Z H O N K B H
K N D X E E S L U J V P C M F F B R
Q O C L H J H R D R H U W U G K C O
J B Z D Z K S O M D Q I V L M Y T W
U K L X S J T Y H N C G Y A I J W S
```

THROWS	GOTTEN
INCONSISTENT	TAPE
OPPOSED	ACADEMIC
LOUDLY	FORTUNATELY

Word Search

```
F H S X Y P Q M D L F F X S Q I U G
D I M W I X A B U X R M R B P U D V
U J H M T Y X T C L E E Y I U R T C
N T Z E S U U H K B W Z K F F C Z Z
A A Y E G F N A T M J W R Q V M L A
Q D J H L H G I N J V H H M R Z S I
A I N S T R U C T I O N S N I F N B
A L E T T I N G S E E F M P H Q W U
U H K C D T P S X P E I Y Z J M H Z
S M I D E O X R E A L I T Y K T R R
C D W K H R S Q R M M I A X U B T J
G X T E B N M J R K Z Z W R R F B E
M B O Y D S H J T R A N S L A T E M
I D E N T I F Y E T F H U M D O W Q
R A N B R E N L R H W O R K I N G N
G O S U P P L Y I N G U F Y D G D W
D I N S I S T I N G Q D Z J G D Y D
```

INSISTING   REALITY
INSTRUCTIONS   TRANSLATE
WORKING   SUPPLYING
IDENTIFY   LETTING

Word Search

L F U W I C Z Q Q Z J B V L U L P Y
Z P D C V E E L H Z C U H U B E J F
R T F T J A P R O M I S E B A A E P
B Q X M M S U R B N X Q Y T B R S Y
Q C E S Z E P E K A U Z L J V N T P
Y O K T A S K S W I F S Q R W S C A
C N K Y W O P C A M P M V Q M M Q N
Y D O D A X A A R G U J U J T P G B
L I C O F U O W A Z U T Y J Y A E J
M T H Q F W F E E D M Z R V U U L A
I I A L F R N H B H G S Z B F N G G
S O T P O B W P O F V W X V J M W Y
L N R O M X S M G N U J Q O X V D E
E C H Y H E E N N S M U L F T I R G
A Z Z E W Y U P Y R E L A T I O N T
D N C I L F N G V P M G P O Q A M P
F E M J S L Q D H T J Q Y P I P B P

CEASE   CONDITION
RELATION   MISLEAD
PROMISE   TASKS
FEED   LEARNS

Word Search

```
T K T W A N T Q A D G Z E J X L C F
P E I D G W I N W A O U T U L K O A
P A Q Z Z L S L E M U S U N H Q N E
I I Y Z W I P E Y A M A Z U J W P L
A A Q H Z N E Z W G F W O R K E D I
Z U A E Q T L W X E S H B Z J C Y W
P H J C H E L Z Q D I W R K E E S U
E U Q C H R S U Z F W P Q X I J T G
G R P K U E Q M I V Q V W W M C A L
V B K Q P S Z A I I A R D A R D G N
P Q R H W T K E Y B O A R D B E E O
B I W H J E Y A X C V F P B Q T Z M
Z S U C Y D X N Q D N D U U O E R T
G J G O E T P S N P O G M M W C L F
R Y J Z L L Q F K A E U Q E T T S R
P X G M A R A C Y Z I S U G P E C R
K F V R Z B Q G L T B D Y K P D Z C
```

STAGE	DAMAGED
WORKED	DETECTED
WANT	SPELLS
KEYBOARD	INTERESTED

Word Search

M Z I E X K S F B X Y C C Y G P I U
L N B G V L R C I C G Y L J D B U D
F D Y I W J T Y R I X G H F X W T H
Y U H G H D A N J C J Y P H P W X J
R K C N R E W W T I N B T W E L V E
T K K O O L U M R P T E O Y N S M V
M H R R I G X M L T S L O W E S T Q
U N D E R S T A N D I N G Y Y J B T
W S Y X T H V R A Z A A C I U Y P Y
F C A Q G C O N F I R M I N G W C O
J B P S G H F O Q B T K Z X Q O U U
E W A P A R A G R A P H M I R R M H
B Q R O D K L W H L D I R G V E F C
J F T X R M U B E W Q D F H N F Z L
Q N N X P E H S A Z R O O H W U E G
X H O Z P G A P P T W Z Z V H S C U
F J W G B Q V S R N Q L A N Y E G H

APART   IGNORE

TWELVE   REFUSE

UNDERSTANDING   CONFIRMING

SLOWEST   PARAGRAPH

Word Search

```
Y I B E H Q N X S B D O L D A C D R
F S K E W V H L V Z O C B M X B S O
V P T D Y B V V W J G R D R U M L S
A E Q F G A Z I N G I P L O H G Y A
U H O D H E X R A D D X P G M E A C
O W M Q H H P R F W J K P G K N W G
L I R S V A X I P A D A U O D E W G
Q Z R O G B Q T G S F F S U V R T B
X Y F S B I E A A C O W Z M Y A I O
S S L M S T I T T A J U B A I T R A
B G J P E R E E F N D F X A D I N M
V J P Z R V K P S V I E W S O P J
H Z I L F M I Z X U E T E B N N J G
P R E F U S E S R O G V K C V O A U
M S N R Z P M C B E U Z C G G S J L
I V B Z H M E K F R I E N D B K T F
K C Z C R Z R X H D K B N W R V D S
```

HABIT
REFUSES
FRIEND
VIEWS

SCAN
IRRITATE
GENERATION
PER

Word Search

```
B B P Y F E W E S T Y D I W O H F N
P I Q Y N O R G L Q N K M F D H G A
L V Z K B I G V J P S U Q E R E R T
E I J O I N S H A D K P X F H E P I
U D Y P O E E A X O E J L R S L O O
L J C O B K C H O X M U E D M Y Q N
X D O B S R Q Q A E Z X T R X G D A
S M N S E R Y K J I T X Z R I V J L
R Y V C R O D F L O W N P D X T S V
V W E U V W F Z R Z K A L O Z Y M R
R X N R E E B L U R N S U X K O Y F
D C T E S W O P R E P A R E Z N F P
O H I U G G I E J V B D C Q G N P M
J H O F N U T O R B C C K I N M T U
C X N C E U K T C G U E U L H E M P
R K A X P B Q X E U M W K X Y C Y Q
Q I L T U E Z W U Q N H U V Q D F R
```

FLOWN   JOINS

PREPARE   NATIONAL

CONVENTIONAL   OBSCURE

FEWEST   OBSERVES

Word Search

```
Z V G U C B H L W O J Q S S T Y H F
X R Q U K R K V I Z A G L I V I N G
O D Z Y S D F S M T F X W E X A G E
S H C S E G M G R I H R K B A S I S
J T J E P S T B N F W H U F H P B K
I M J N D X Z O I P G M S O I H U L
T H U D D Y F X Z L Q E G B O G J P
P U J I K L X E G C K X M O E L A O
F V F N R B K S E S O C I E T Y U H
G H I G H N Y F I D W I O O L F M M
R N K L M I B V N Y C J F G T C S V
H D A C J S U P E R I O R F Y Z E O
L P N N U D G A I U S H X K V F Z H
C R S C C U P I S J Z H U M Q I R S
U W M X O C T T A L O B S U B M I T
J N O N Y O V H Q H M T R I E S I X
Z Q Z I T G K Z A Q X B U W G Z B K
```

SUPERIOR   TRIES
BASIS   LIVING
SENDING   SOCIETY
SUBMIT   BOXES

Word Search

```
N G S S M B A W R B T O V E X C R K
R I C X D B M C U V W W K Q N J O B
J E G D U Z H S V Y Y C V D D Y R C
K B C A S Z P Q M M V W G E I X A I
O A M S B L L X B W C S V S E K A S
M F X G Y W I B M B T J K G R C D E
E E C O N S I D E R A B L E E P L T
T H X Y K S W D B P U L Y T H L P I
H P N F S J K N G O X F B O J W W M
O X C Q Y W B D Y L I D E D U C E L
D U L K V C W W K I S D P B C O M T
C E T P M I G H E C G E D C Z F R Q
Z Z D C M W E X E I D F O L M S U P
Z E D S Y E M T P E K R D V R K S S
H Q T M E D L Z S S Z E N I C R H S
F G Z P P A S S O N C W L O R A Z T
D G F E H K Z B G A M E S F P F H Y
```

GAMES   POLICIES

DIE   KEEPS

RUSH   DEDUCE

CONSIDERABLE   METHOD

Word Search

```
V U S S E E Z F X Q X T H C C Z D L
U G J X Y K X S E S R B O Q O X N Q
B T S M L F C Q L R E I R Z C O D T
Q T S E R I O U S W G A S G X V T A
F O C G Z T S I S Z A O E L R M H U
R X N F G Z T C R V R U S Z T S U V
T T U F N A S Z S A D F J X T M Q O
Z C S T R I C T L Y L D D R D W R R
B B K I B L A L U N E W Z E C K B B
R P L V H X V W X W S N P W G X C K
A M J Z O Q U U V D S F C A H X C M
F W D S K C J M T V S S X P G Q X Y
S M A L L E R N B R D Q G J Y T D Z
H I M P D Y W F P K T H H K M P X S
F B R E S U L T I N G N M S E B Q M
D L E Z S O L I D T M X N C K P X D
W K L B Q A N K E P Q M X I G H N D
```

SMALLER   RESULTING

STRICTLY   HORSES

REGARDLESS   COSTS

SOLID   SERIOUS

Word Search

Z	U	O	Y	P	J	I	Y	X	W	E	C	O	M	U	S	J	G
C	W	Y	A	O	S	K	W	L	B	T	B	E	U	I	D	C	O
E	X	E	G	U	M	Y	I	D	Z	Y	S	B	I	E	P	X	V
C	P	S	U	S	I	W	S	M	I	W	Y	A	L	I	E	X	B
G	X	M	Q	Q	Y	J	F	B	O	C	O	Y	E	L	Y	U	W
T	O	Q	V	G	L	L	I	I	L	Z	B	A	T	I	K	O	R
H	Z	Q	U	I	W	W	R	Y	U	W	M	G	Q	E	Q	Z	X
X	M	F	W	N	L	C	S	Y	D	W	K	G	R	E	A	T	D
H	P	P	A	C	P	L	T	S	I	T	N	W	P	O	Z	U	S
N	B	T	S	L	B	F	K	E	S	S	K	M	S	X	L	J	A
U	N	V	S	U	K	R	I	L	T	G	O	V	W	C	R	F	Y
Y	B	L	C	D	X	I	V	F	U	N	O	J	Y	M	K	B	K
W	G	K	U	E	L	E	R	L	R	A	D	E	V	E	L	O	P
T	A	G	H	S	N	N	R	M	B	E	S	X	Z	N	X	I	H
G	L	L	I	C	F	D	D	G	S	Y	F	F	F	R	H	S	O
Q	U	H	Z	K	L	S	O	B	C	P	D	A	O	T	S	W	Z
T	I	L	J	Q	U	F	A	L	S	E	P	A	E	S	W	V	F

INCLUDES   SELF

FRIENDS   DISTURBS

FALSE   GREAT

FIRST   DEVELOP

Word Search

D M U Z F J J D I P B N A L W D J X
Z T F W P X K U S C G Q E V V E H N
R Q T Q Z F W C O W E A V O J J L D
E I Y S F I L L L I F G W D N W U
C H A R G E S E V D X R L I T T L E
K L F Y C O A C I B O R N W T H J U
N P B D K T V V N E H Z E G C T O U
C O F M H H B M G F E T A J I P H B
C K W T F F F C Y O U C M I L F E R
Q Q X P L P S T K S R K X N E F S
K N K U Q T E Y N E H Z W K P Q R P
N F G G P F M O Z T P Q N P U R E T
W B N E E V Z J K Z Z Y C O B S E S
J S N Z U Q M I Y A T Q X D G R L P
C C W J O E C R E G A R D T I M Y M
S F J Y D U A P U T T E D M E X Q O
I T F E A B K S S P E O P L E K X Q

BEFORE   SOLVING

LITTLE   CHARGES

PEOPLE   PUTTED

FREELY   REGARD

Word Search

```
Q U E X Z O Z T M M A U P K Q N B G
L Q F Y R U G H W A B U Y M M U V D
N W K E W T J E W A U X B K O Y Y J
H B Y Q D S B O V D L H Q Z B F S Y
K X N Q P G E R G R A P H I C S X X
A Z B S I D B Y T O B E V X I E L W
J A R L F L E X C U S E E E S D V O
D I R E C T O R J V L P G R B K D R
B W Y Y A U R N Y N I P W J X B W T
Y L J R U H A U M H M G G T Z C X H
E E Y P H J I E E Q Z H A H Y H J Y
R J K R A X N G A W H D U J U N K X
G O E E N Z A U S X E X K C K F M Z
J J R V D N Q I I L G G C I I C N Y
M O U E Y R I O J N R S Y U A V W B
C C T N P D M V M S C A B J Z P P L
T B T T K B S M A C R U Z N U N U G
```

PREVENT   JUNK

GRAPHICS   EXCUSE

HANDY   THEORY

WORTHY   DIRECTOR

Word Search

E W A P H T Y T W Z N P G Z S P K P
Z L C R I A U A K F J L J L W I W S
I J M E P F C T O H Q I E I T M C X
T V H V N A N T O Z A G N S D Y O L
T S W I I N Q A N M J T O J M Q E Z
F P V O H C E C Y B D R R M I E C M
F D Q U A Y K H S K Y Y M D S Z F K
A K W S L F X L L Y D W O S N M Z Q
I S I G E R L P C A H K U P J C B C
C U T S X T U N E Y I J S X V C Z A
C J A X G U V Y X D U U W R A L K H
R H I V H J T U H Z A F R Q Y V E Y
R G U N I F O R M O Z G E I C U W O
Y I X J K L B K U U O L T P J L X Z
L J N B T C V T A G E B U W B W Z K
B W J K V Q J O X H R A I T L K F A
M S K O L P C R E T N D D L X R B R

ENORMOUS   ATTACH

UNIFORM   FANCY

OUGHT   TUNE

CUTS   PREVIOUS

Word Search

```
F Y E Y U V X B N D U R U T J H Q N
H F K R M J J K Y U F J T B U V O L
I U U H M B W H S T H I N G Q O W K
R H W O P V L K C H P F D Y U P G K
B A U C I W I Z L J B V Q J K R V A
V V E D U U B M A E D H M H J O E D
K G E C X A T U I Y Z K I B Y V H D
E S S W G T I L M T Y B I M O E F H
H J J W Y B S T A T I S T I C F V E
U A E S D T R H J S E Y Z S H B V J
I Q D Z J E Q Y C R E A D S R Z T W
F Z Y J E N O U Y P J H E A D I N G
M G D X S T W G W Y W Y X Z H X V V
V K O S Y E G T K Z A T Q W D D E D
N F A T Q R I Z X C M S J R W K T R
G N C I O S L F D L J W P U B B Q W
X P Z G X S O P Z L E A R N P Q H L
```

READS   ENTERS

LEARN   PROVE

HEADING   THING

STATISTIC   CLAIM

Word Search

RESERVE JUSTIFYING

INCOMPATIBLE SEVERELY

CRY LOGGING

NEARBY CONVENTIONAL

Word Search

```
X M Q C F K P U I M I H A M I W E T
S R R O R A E A R F R U B B I S H J
O H Z D D L Z T E E M K A R U R O K
H Y F S S E L E C T R I C B Y V W D
D U Y W K Z V S A S O G T D R D F D
S R Q J O M E A N I N G V J Q M M Q
X S U P E R I O R I M G D I E Q M K
V W G M E B Y G B Q U A L I F I E S
R B J M Q S J X A N D P V R C I K S
T K W D I S T I N C T I O N E T Q K
G L M L U U B U Z A C B V S D M U S
C Q A U P T I R T S K E F O K F S F
K R Q S L W Z P Y P X Z M U S F L T
T L F R W V A X T V I X P E J V I T
L U V N F X R W Z M C F W A W U G O
W F S M Q S R Y P X C Y C P T Q H Z
S K O T M Q E B O S E B M E G W T F
```

BIZARRE   SLIGHT
DISTINCTION   ELECTRIC
QUALIFIES   RUBBISH
SUPERIOR   MEANING

Word Search

```
S W O V N S L Y F F M N Q R J X Z E
I L W J K L A Q Q L C I I O K S C J
M E Q M S D I L H H Q B T E T M Y T
Q I D I R T R A C E Q D H L W P S Q
C O M P A T I B I L I T Y Y V E S V
N R J G Z T T P O R S Z P L D X O Z
T K T M Q Y H A V M P W H G K Q E C
O A G H D Q F S I N L M D Q P K X S
R K E J B R W P G E U B I R I B E M
O H T T C Q J W N X G R S D B Q E T
W I N H J L Z I O S P Z T P G D R T
B D I R K Z Q W R R E O I A W K Q Q
R D P E P W F P E Y M L N U V X K C
O E U W Q Q E B S Q U Y C E T A C W
W N Q E W V P B M W W A T D Z C A I
N B W G C B K S Z S W X L O V C O F
Z C D R H P S M C G V T Y H Q M G E
```

IGNORES   PLUG

THREW   HIDDEN

BROWN   COMPATIBILITY

DISTINCTLY   TRACE

Word Search

```
S Y D X G Y L V A Q D M N O G F E D
Y W Z E P X F R K O X Y A S K E A H
L P V U H S M F V R N W I A N W M A
S P T S W X I F S A Y O H Q L A C H
A B V X M V Y Q P C C N W W O R D U
Q O G G U A D V T Z D D E S W N R L
U K C V B L M C A H B E K F H I O M
O W Y C J I P B S X Z R T U I N T T
X N J Y X D G G Y G S E R Y C G J N
N E Q O E I U Z X V E D O J H H N K
B T Z W P S Y U V E Q G J F O D T A
A W L C I S P O T T E D A K D P C V
D O T A N Y D S K R R S T N O Q K T
H R W C N P R O P E R L Y H K O R B
V K C E K Q J N W C G V B D B Z E J
A G C L T I N H X Y I L O T C N S U
M H A O N T Z R R H L W Q D H D Q W
```

PROPERLY   WHICH

BAD   WONDERED

WARNING   VALID

SPOTTED   NETWORK

Word Search

```
D A N K F P H K K B G B P P S J M P
J G Y F W I S I R O S L S S G E F O
D X B I Z G E S R X T N L A V Z B I
F D N N B Q A E T H L V U W I O C L
A R U I T X S M K C W S D T R Z E Q
C K D S V L O X Q N M R X S H Z W K
I E T H C A N K I T E M S F B N O J
L S O E R P K Q U W D J O E E A I C
I N D S O E V Y F H A N D S G K V C
T X K L S K R L Q C Y T Y G X A O B
Y Q F T S R G P C D D Y P H P J C T
P F O H M L Q I C Z P O C S L O F Q
Y M Z T Y O T J C I W S E X A Z P G
C L P M A P K Q D X G O G N N S J T
O P V K U A M J O Y N C N Q S D S N
X N J P E Z Z Y Y L U J I G A I G O
J A C S Y S B P N M T A N Y O Y I Z
```

FINISHES   FACILITY
CROSS   ITEMS
MAP   PLANS
SEASON   HANDS

Word Search

U P T I V P U S U E E B T S D E U L
B A T T E R Y Y S G O K S I C Y P R
M K C Y R N Q C U A F S G L E I F N
J Z H S A M H O R P A Q Q Q J B P G
V X B S Y R P A P I N T E N T I O N
E U D C Y Y D G R H R K S D M D B R
D T M B E E Z H I S O U G N N I O P
D S G P T X Q Q S A M G I Z U Y L P
D C W S H O P T E E M F H V W S Q M
X P D I K H Q G D H N K H T Z M B G
H F J J J G G T I N C I D E N T N Z
R A U W S O M E W H E R E X T R Q W
V H K W C U F I V R Q T M Q I S I Q
T F N G E K Q E F J X O B F V B M Z
T F R E T E J M D H C I T N Y I O O
H E N C E X Z D I N S E R T E D V X
C V H T Q F N D G E L E C T I N G Q

INSERTED   INTENTION
SURPRISED   INCIDENT
BATTERY   ELECTING
HENCE   SOMEWHERE

Word Search

```
Z Z B F F G V Y P D J J P F X O K N
Z F H Z U O Q M Q N W U F K F H M Y
Z F T Y K T K H H M G Q K S D D M X
Y C E F V C C Q S X X O N C E E O M
R J R E B T B L A C K C T E F V C B
Q V L Q Q M P C I Q S C T Z P I J I
A S T C I C F T L U A F U U C T H
J B E E N J A L V I W U L Z G E T O
O T B S A A X V R N R B E J B E C A
B O S A W G U A R R E J P J K F J M
E G U Z X B Y Z Q C E K E C H U Z Z
L Z H Q N L K N O C K E D A B K A N
G R G L X M D Q R B G P F H F Z H J
N J B E G I N E O F O R M A T K F O
X C F Q U C L T F S C N O D J J L C
W H E E L A M J E R K I S B J E B G
X U G C F Q K A J B Z I Z R J J T O
```

FORMAT   WHEEL
BEGIN   ONCE
BLACK   SAW
KNOCKED   DEVICE

Word Search

P W R L B S W O B L S K C V I R I W
Y B V D K G C U Q I S A O W N V O B
X K S D C E I Y N V U S N A L T C R
J Q Y E O H T H P A X U F L W R V K
K A U T L O C F B F A P I I V A Y R
D B P A L V I I D N X P R L D N J H
N D R I E W W L O L N O M B R S G P
T N U L C S X Z F Z V S S F V F R T
F A J I T Q J P Q C U E H Y W E R V
X C G N E N T P U D O D E M L R X A
U E Y G D P Z V R T L N Q G L R E E
I Y U K O I U N X K U H J P M E W G
U A T D O E S E O F V L S Y B D I Z
X N D R U S O Y D T P A C B F K N T
D L N E X T T Z C H Q X L H R S D D
I V J B H W H R E Y F H J I P M C F
A C T U E Z T Y D I L S G A I N S O

DETAILING   CONFIRMS
SUPPOSED   NEXT
TRANSFERRED   COLLECTED
DOES   GAINS

Word Search

H R L C T S U L Z S S B K P N R H E
G B A H S U L J K B K G M G C W T J
S Y W C D S L K P L T R B R D N P O
R Q N Q M U Q X I F N Y P Y K Q B P
Z B S D T S L Y Q L G G U H O E T E
H Q A V M P I X R G A J F K T A P N
S W C O I E O F P Z K O D T V H M E
H G H K A N M R X R W S A Q E G D D
A M P Q Q D W L K J H I M P A C T I
V Y S W Q E G G W O S E N S E Z O R
I N W U D D A B E N C O U N T E R X
N B W B N K V Y P I P Q X L E Z R P
G T Z S F P Q H W Q X Q Z G V U I F
L A E D W D V J R P D S Z C M S E Q
X A D V E R T I S E D K K B G Y U W
G N G I Y X J Q W U W D X K A L N T
Y M I F O L L O W H U G N O A E G O

SENSE   FOLLOW
SUSPENDED   ADVERTISED
IMPACT   HAVING
ENCOUNTER   OPENED

Word Search

L A A M Z A P P R O A C H L N S J B
C O M P L E T E D C H S H V R J A M
P P J Q H K P R Z C M K Z D T F T F
D N X X P T E P E O L S B Z M L J Z
N R G T O D E E M S E P W O E I K W
N J P W M B D M J J Z T I X P K D I
H J O X I T W P K D F A U I X K D O
I R F B Z E V T A A C Z P D Z Q Y Y
C E C A R R I E D E P G J U S L P M
D S J M U F B I P E A E H T W I N P
Y T Z Y I M H S L V T O P C M M F H
C Y L R P E Y J A A V P N L C C E P
R A E H T Z K O S O C N Q Z A O V R
J V A O T Z T B T Y R G H L M Y H O
A Z D G B O X M I J G Z K F T D U E
S A E O O X H V C E O L M W H G Z K
Z X D C X N T A A L L H D C L R F X

APPROACH   CARRIED

COMPLETED   REST

JOB   PLASTIC

LEADED   DEEMS

Word Search

J R E S T O R E O Q E D I T S Z X D
N S O O N W J S U G G Q T I M O A G
Y G X U S C B Z Z Y C D L P C C I N
V H X N T C A O D E T Z A A S O F I
Y U P V O F W Q F O B M M R Q U T O
V B E K T H A C A F U T K H J N Y S
Z E E J R Q T U Y Y F B S Y F T N L
D R I X U Z C W Y Z D O U Z W E A F
V C O O T A H C Z W R N Z A J D X T
F T Y B H J E L H C F U L Z M T Q H
B K K J W B D F B T Y L Y C S R Q N
K H B E Z E Y P M O F V Z P I C R I
X S G C I B H O C O N C E P T E N D
I I F T G R W Q C C G I G C H P B M
E R F I I I M N U Q C Y D G V M P Y
K W P O S Y G K K M R A E U U S U D
G O L N L E Z T H M E G J D Y R B L

OBJECTION   WATCHED
TRUTH   RESTORE
SOON   COUNTED
EDITS   CONCEPT

Word Search

C J E N V A Z K S O Q D X D W E Q L
J U K O R R T T D B I F D L P B W A
E M O D I F I E S Z Z Y J V Q U T R
J Y E A W N W J B Y E M Z G A Z Q S
A U K S W B R H I N A Q V T O K E N
Q X F S F F O M C I I O A H Y W B Z
J C A I W D C F T F R Z H L C K S P
I O S S C I R C U M S T A N C E A V
J L B T A M O B V L L C W L M O R P
G N F A E Z T B A D X B U P E E K K
H H P N D X D C B B Z R O H E N U J
L K T T F C F U N E C B X V F T Q J
Q Z I W E O S W V T Z R B F F I P C
F I H M O M X A P T N R Q Q O T F H
P Z D Z Q C I K C E U J S K R L H U
F P Y D L U N F O R T U N A T E Q U
T Z V Z L O W K D B T M W X Z D C Z

TOKEN   BETTER
ASSISTANT   MODIFIES
ENTITLED   CIRCUMSTANCE
EFFORT   UNFORTUNATE

Word Search

I H I V A D L O G S W L W I J E U W
B Z J J O H A F M A U T D I Z W K F
A D V E R T I S E B M N B W A G T X
U A P R O D U C T S Q R F G Q S P M
V P A E F V P Z N C Y I G V O X Y Z
P O A B V A M D P O O B P A B Y S N
J O U R G O F R P N X X N C O Q F F
D R I O M S X H O S H E Z U V M H P
R P H K D U M L W E Z V Y I V V P R
U N J E X U B J P Q I C W X M V Z O
E X E N N U W P A U G I R L S V V G
X D Z X A J H L Y E X I E P L Y Q R
H C O E V V C A A N A A S K E V A A
K S P T E X T Y S C U B D D Y C W M
Q N H U E H R I S E I C T C X B T M
T S S I Q V S N V S D Z K F Q W S E
K J Z R N F H G C K N N A K X G F R

CONSEQUENCES PAY
ADVERTISE BROKEN
PROGRAMMER PLAYING
GIRL PRODUCTS

Word Search

U M M A O W O Z M Q F U T J M X G Z
Q N K F P R O J E C T S U J X Q Z A
R W T W S X X M L X E D T I Q E Q S
T P V S P B X B G G G H X X B T A R
V F I Z C T P Y R W X Y M Y A J Y O
O J J O Q I L C E B P E A I B W N O
Q E Z N W N W Q A L C V C X K F J W
W N Z K C K V J D Y N X V I L B H V
D G V B S Y A P Y E O X V S O O P E
G A L G U N L H Y A Y D K I V M P D
D V P W Y M U J W J X J V G I W H G
T E O S O J A F N Z T R S Q J Y H B
W M U T Q E B A I K G P R I M A R Y
M O F Y R Y L X G U E F O R C E D E
Q R H B U P E U K I L H Y C H N K L
H E N B R S M S T V W J V B Y U K B
I B G L S C H E M E L B F B R P Y J

PRIMARY   MORE

PROJECTS   FORCED

READY   SCHEME

VALUABLE   GAVE

Word Search

R Q T B O P M L P W M L I R Y C P R
I P Q C A N D Y L V U B P Q T V N L
Q R X K A V V O P P B G H U X A L Z
P I Q E D U X F I P J A C U I R X O
Z M A T Z O J F C H O X T A R L E B
O E X W H R K B L A W H V Y F C A M
H S G B Q Z P P B R F P J L W R T D
R P H P U B L I S H I N G N A L A V
A S K K A N G L E R J U N N U V L X
F D Z H Y P S T U D I C L M E G N X
N A R R A N G E M E N T S S C U S P
P C Z S C O N C E R N E D B U Z H B
R J N Y E V U C U C A N L A I J A G
C W G S D D E J L C C E G Q H G R P
J I F O P S F Z U S X U Q Z S K E J
V Z J Y W W V A L N D G Z A W A I J
Q P Y E G R N U E L B T E S P K I B

OFF   ANGLE
EAT   SHARE
PRIME   PUBLISHING
ARRANGEMENTS   CONCERNED

Word Search

X S S Q Z G Q J F L E X I B L E T K
T W I C E W J L C B U W Y O Q R V R
N F M W P A U T H O R W P Q L G L W
O U P O X N D N O W O P O C K E T E
Y U L Y L J Z P U I D U W X N H O N
L N E E M A L Q M N H O A C F I W N
L M S U N A Q Q N D K X V H X D K B
X R T P C J X R B O N L T W G V U R
L J U D G E Y P D W M C G G K Q G S
A O Z P J O Q J F S M K E B T H Q V
L R D H D Q J V I D R Y S F C J Y J
M M N Q D L Q Q B G Q K P L A E F K
O D U U Q G V X P E X A V R P W H J
S I O R Z A K T K F Y R R W E W A Q
T X B D E M E F C H X D Z G C K D W
L H U M E S X R K U R P Q Q C D M D
Q E T I X L Y F G I P R C G J Y F Y

FLEXIBLE   AUTHOR

JUDGE   SIMPLEST

WINDOWS   ALMOST

POCKET   TWICE

Word Search

```
J R I M V D Z M Q U Z A N M A E U K
Q W T H M A B S O L U T E L Y P A J
B T J X M R D O D R N V Q D V T D P
S R T V E U N E O D E U U H D L D E
G X M N A L T E R N A T I V E R I R
J M O O Z L C J L I Q O V C I C T I
D G R I K I R M B S D T U P S A I O
I U T F V S U X J O V O G Y Q X O D
S X T I L E T M J Y T D P Y K Q N Z
T M N C M T T I L U D V S V X F A F
U P Q J X T K S R O M R R E I T L S
R Z D T I L I L Y B V B B S O U F T
B P I D K E W E H J G I E M I Y K R
S G F H R S L A B L Q M T X F F I A
Q M X S E Q F D E J N U F Q L B Z W
O G S U R A T H E R P X F A P S F P
N B A W S W N A B L V M Q Y I D R I
```

SETTLES ADDITIONAL
DISTURBS PERIOD
RATHER ABSOLUTELY
MISLEAD ALTERNATIVE

Word Search

```
Y W T K U Q N Q C M R H G E M J M C
B F R O K G W J C P I X X J E B N S
N A M Z Z W R T O K A K M A G F J A
H I H E T E U B R V Q M J Z L O A W
R T R T K N J E X A M I N I N G P N
N S H A N E G A T I V E W E D Z Q D
X C R O E Z Q I O F R A M E W O H Y
L L Y E A R L I E S T V K X O X V C
F F M X S I H J Q R E M O T E R N H
L B C X C A X D W B O T W M G Y Y Q
I U H Y L A E X Y Z H G G L O C K S
E M E E A Y I C L C W H R C T W L W
S M G L C N R I Y F W M K P O T B L
H D T T N T M G U T D H N F Q D F P
T N U M B E R S I C T H W F B X L Q
L O G A O F H A Z E G U H C S I R X
D R E Y J Q V Y U I W V D A X O Z N
```

EARLIEST   EXAMINING

NUMBERS   FRAME

FLIES   LOCKS

REMOTE   NEGATIVE

Word Search

```
G R N H Z G O H F K O O R A L P B H
I Q Z L R Q D L O K X G F U E C G I
C A O P X O Y C U T S E O J N O K O
T I Y M R W Z M W Z F P O O G I M T
Z O T D D R I K N D B R N J T N G Z
L A T E S T O Q Z V G O P C H H L Q
S R C S G F I D M G A D I P W B H X
E Q V D K C N X U N F U G Q M U F N
M T Q B Z P T C B V R C O N Q F H A
Y T X K D Q P H R V P T A O N V O B
Y L I N E A R O G M J I L U C I R G
B S K R B B Z G Y J F G K T M X C N
C Q Q P U Y W R G B L P P X I H L B
A A R S A T I S F Y N C K X M R F S
M E L E M E N T C J T Q I O R B K V
O V N E X F L V V M V K U J E W T C
M S Z U G R E E N H H E P V I J Q V
```

SATISFY   LATEST

LENGTH   CUTS

ELEMENT   LINEAR

PRODUCT   GREEN

Word Search

```
W E A J U D Y F V I D T Y Y S R T Z
G B X W E V U C M K H V X Z I E G X
L G T F D P H D V P A W I O K C U Z
K E X E C U T E M H V C B A B O Y P
O X M I N V I T E S R A W O L R P M
B S B V B F O B S W W C T L C D M Y
G E C Y W B K S R G O M P U B I B P
K S J I E J B X N K A K L L V N K Z
Y H O K O T P W Z Q J W A F I G W P
R G H K F T K E Q U R R Y U T A F P
J X E I B O Z K Y L N X S E V N A K
S A G B D T Q A O R I G I N N R M E
R U U V A Z L L F D I S C U S S E S
P A K K V R L Q I E J F T V U C E B
O H H C L O G G R C F V H K H Y S F
B Y Y C B X X U Y H J D J T K E D A
W X H A R M L E S S C O U N T R Y I
```

DISCUSSES   HARMLESS
ORIGIN   RECORDING
INVITES   EXECUTE
COUNTRY   PLAYS

Word Search

```
Z S P F C B Z V S K D R Z W H H B R
C L O S E S G Z E D N L L G X F W R
N C O M E S M J B W N V W V F G Z G
S C Y I T U R Q X F O W G W W U C V
K H N F K E E D B Y E O Q R V B U G
N O Z O S V O N T F H N S P D H M K
Y R P D I A N N K L S L H R P J O M
U U T R M Y L J R E K H E O J E W D
W I N E I T H E R K Z C A C Y I E L
P S Q X K I Q R P Z O C D E G F M J
L L W Q I R W S F W Z R E D O R W Z
A G T H P L A Y I N G Y R U N K H B
D J C G S Z V D L H I Q C R I F N E
I A H X W F Z E X G R D K E M Q U U
E A J R X V S F S K G M M A W P Q K
S S W C H A N N E L Q Z J A X V M D
S E F Z Y O T O P U V Y V M B I E O
```

CLOSES   CHANNEL

LADIES   PROCEDURE

COMES   NEITHER

HEADER   PLAYING

Word Search

```
D S H L D E N G H H O E D I T I O N
B F R V P K B V A K L S Z M W U T M
J T Q R U K I B A C M E Q X Q E R P
H O D P W I P L A G R E A E J R E A
T H E Y W K W W Q H A N G P A K O N
C N C E S Z H K U T R J M J W H N Y
J T V H K F A G I Q C U Q K Q W O L
A D S I B W R M T Q F N Q O R R L K
F K B B C U D K E V S G G F W Z L P
S H F U L L Y C B T G K A O U W Z Y
U R E C O M M E N D A T I O N R F K
J F M Z V T Y Q C C V Q S Z S I I J
I M W I H O G U A H Y K O C A Z G U
A L P H Q Q O L B P Y R G Q N J C I
M D H S A P R O J E C T S J F R F Y
Z O F G Y Z M B U C Z X H O T L H M
I L L E G A L G W R O J N P R W V Y
```

RECOMMENDATION   HANG

ILLEGAL   FULLY

THEY   PROJECTS

EDITION   QUITE

Word Search

```
A E H U T F X A K G S H T M S W H O
P M M X D E X X A S R C K G X Q G K
H O L W R E E D E F S R N R F K C D
E Q T R V L Y I I R T E X I I N P M
D I T F E I J R E E R A B T M S M L
P P K B E N D T Q E A T V G J P G I
O N E X W G E Y C U I E V F J E W O
E Z T T N S V F Q B G D B J D E G X
K P I B M R O Z J B H D V A K G H S
F J I I H H T V B X T Q N M T T T A
O S S N S O I G A U F X A K W E V F
B W P Z J I N F W J O K I J W W S E
Z R G H U Y G B B I R L E A I F E R
R Q P R U I Q D G O W E B U I V Q N
D H M P A A B S M B A G Q L O C U G
V D Y E D Z A U I X R V W Q A K V C
V Y I N S T A L L O D O L Q Q B Q C
```

FEELING   DIRTY

CREATED   FREE

INSTALL   STRAIGHTFORWARD

SAFER   DEVOTING

Word Search

```
P G F F T V J R N F U G K A Y D E U
U B W F G P C P F V B M K F I L V Q
T M W Y X K B C M T Z N O N J S S C
T H W R U I B T O L B Z F U U K Y P
S Q T Q O H M G S V J K T S W Z M I
R V C I F S V Z T N M Z X C F T U X
B A F Z C C E K K P Y T E Y P X L P
L I V Z C Q Q Z R S A L U M B Y X Z
L D D F Z M J U F A B G E A V N O X
Z J M I N C L U D E O A R G E R L K
C G E N E R A T E S V I O I T E K A
V F I M Q Q S R O V E H U C F Q O A
M L Q K D U A R J K C P M B R U Z X
S G U U R N Y M Q A N E Y U M I I Q
E X J S K G Z I T M W D X C Y R Y H
G U D L K Z R L Y K E V P D G E Q I
U C S S K M V O D B I D D I N G C Z
```

ABOVE   MOST

MAGIC   INCLUDE

BIDDING   PUTTS

REQUIRE   GENERATES

Word Search

```
O F E U A T P L U B X N G B Z J H A
A M B R Y R L S U R V I V E D S Z R
G D U W R O X O Y F F L O L V O O S
O K I A K G E L U D F U T U S S W G
E S R R S A O N L X R A I L B I J H
A G I B P M Z P N R X D M F K Z X L
T C U O S E T T L I N G I C U B F P
S F Z T Q N U D B D D D A B B D O W
B H N V A O L I M I T E D L G Z E K
H G P C X I T P E Y F D I A I N T I
M F G Y Q V O U V D A P W Q Z S U R
V V Z K A E G I E E H O S T M G Z C
E K T R D V E K N S D D U B Q O M C
K D W E C J T J I I G Q B W E L O H
R D B T O K H C N R N Q Y N R S S G
F W W L B B E T G E K S S Q X G Q H
Q D O R Q W R P S S S R T A E Q P E
```

SETTLING   LIMITED

AGO   DESIRES

EVENINGS   SURVIVED

TOGETHER   EATS

Word Search

```
D D H R W V B P F G Z W J S C O N D
F X G W V A D D B T T M E E Q F N W
B E D M Y A P L A Y S C L A D Y S A
B C D P Y R V D N H F T I O W O K H
O Y D W M I K B H A Y A N P M U V J
G M L I O U C U H R C J N I U A E P
N E Y N Z H I N O U S K E U R S U L
E R B O F A M Q P W V I N W Y I C J
X I L I I Y P L E L H H V I W R Z Z
X T V V S S O I D N A P H S R J Y C
X T W L W Y S C M K R O U M N N T M
D R Y X F Q I B K W M N R T J V Y O
G I I Q P K N S Y L Z E R V A H M N
X E Y T F N G L Z D U P W B Z K E E
Z D M Z W O A O F P X M O J Q H U E
U R T P V Z M K Q F S S P H F E M Y
B P T Q U M E A S X A O U N C G P G
```

TRIED	PLAYS
IMPOSING	BED
HURRY	MERIT
HARM	HOPED

Word Search

```
B H E G J D S T R I K I N G K A B C
G J J X M D K W A S Z M W Y O M G I
A R H F Q K S J K N S I D U U K O S
U K E C D D D Z M V T P Y R W D N S
I J I L J L I E X J B H A N D E D A
Q B Q E J O X H H H K E I Z Y N P C
C Q H A M Z E E M E X Y Q I E E W R
P N I R C P O G U F T A N Y J I Y U
O U L S N D P P T K B G M M R T Z G
M S B H T U K C I R R E D Z J H D R
B X P O K U N K L C W L E I G E C A
I Z W R W V U G L L B R C G O R R L
P V U T F P O Z J K C T I S U I C X
M C G E N V D U G M C P D T U W M Y
M E L S R D S K D T C E E P V F C C
N R I T I V H Z R Z C H D K O L Z G
K N Y X N Z K I F N R U D S U U M B
```

NEITHER   HANDED

DECIDED   CLEAR

SHORTEST   STRIKING

TILL   ANY

Word Search

```
G O S F R W G T R W F I N L Y N L H
W U E W S G N K X A Q Q R T Q N K E
T L N Z G Z U J Q O M I T S M L R S
K N V B W C F P E W K E E T L W G U
C W E H Z Q Q A N A P Y H O J F Z A
B J Z W N E B G B O J W J J T T F H
Y J K J U E Q F G K B S P N Q E Q L
X T Y T R C W P Q Y Z U W T U A L F
C N Q U F K F X U W W R S M Z Y Y E
U N U U T C R Y G H M P F J Q X V E
W E N B F T A N D A Y R U V P J R L
S B H R Y E C F L Q B I L N N E J I
J R A W H I T E M R V S L U T Q S N
I I P S M V I U V V V I W B N Q A G
Q H P C J N O Q D C K N N C K U W U
S M Y I F Z N T T E W G I Z E K X K
U H D Y A S L E E P U Z R W W E I D
```

UNHAPPY   FRACTION
SURPRISING   FEELING
WHITE   FULL
OMITS   ASLEEP

Word Search

```
Y R D T W Z Z J P X B V B R N B N R
J V R Q M Q X N G T A T B D S P D Q
E B B Q P M M O N T L S O I D T E O
X V A R B M E A N T W T D S I N E B
A N Z J M U Y S M Q M Z G K S E Y F
Z M L L U E J G W K O I X S T A T Q
L Q G G E D P Z Y Z V N O R R O F E
L S T U C N X E X I I D H T I Z E L
V G Q J J K X O R U E I P L B X A G
E T R A M B W D E L M C D P U T O D
F I M R W D O B M F S A L R T F P I
Y K N W G Q M H I Y F T E E E C I E
R O V J J K C I N S C E U P S L B J
X Z M C J J W F D W H W B A I E O K
I N P H H Q S G S Q J P A R W A P I
A Z W F I P F Q U C E L O E Q R P U
H M Z Z U H K S T S I I K B D O J J
```

MEANT   INDICATE

REMINDS   PREPARE

DISTRIBUTES   MOVIE

DISK   CLEAR

Word Search

```
O C C U R S S I B K W S S K A F L O
P X D E V Z L G S X C V J Y H H L K
X P U W X X O R Z P B P L C M U C N
B E D I B P L I G H T S K K S C V E
U T U K B C H I P O S H A Y M Y K N
H R A G K D U G A O F K N L K C J O
O O L V D T O X J K R L R M T F K V
K L H B B C Q E W A O T F V O C Y V
F Y C F K K O R N K C W Y G K Q T
K P R O U N D U V Q R A K M U G D C
D Y P K N W I N T E G E R X H Z Z I
Z Q D C I I L Q X V M T Z M S C G D
W L A U Z L V E M J U W S H Y Q I G
Y X Q Z V I R R E L E V A N T A E R
Z H M C A T C H E S N U J N D J W G
T W Y T S M W F N E Q G I Q P G Z V
P Z S P N H G R Z T V S C X S G X Y
```

PETROL	CHIP
IRRELEVANT	OCCURS
ROUND	LIGHTS
INTEGER	CATCHES

Word Search

Y T E P D E N I Z P H W O E L F W L
A B A C K S W O C F D Z F G K P C P
H H F C D M O P T I O N A L E N P I
L W U G F O X E V T A V Y S D W D C
Y J D C I R C U M S T A N C E S F L
Q J C F C V M X I W N T Z R B U R C
A B V D W E A R R Q B L E Q R P E O
P L E A N U Q P X L D J I Y L Y D B
P D N H A F U F H G R Z D S G X U U
R K I X D F J I K O E I H X B Z N Y
O W M O L G Y X C F A Z C N L P D J
V K G Z F E K J Q D M D Z A I M A F
E D N I J O B O W M F E J E P E N V
R V E J D Q Z U N Q X D G F B C T B
N L O S P N C E T R A W K F B H F T
F L M N V A L I D I T Y W G P T A O
O I V H P N N B F D A C N J D Z V Z

BACKS   OPTIONAL

DREAM   VALIDITY

REDUNDANT CIRCUMSTANCES

APPROVE   WEAR

Word Search

H T E O A R Y I E L I U T U H L V Z
P L C L X O S K O U N J E F O M Q H
I F F H I X T G T N T O T B F G S S
J I C E R T A I N H R W T S Y U U R
H T N N U A R J R M O C T E K W A R
U L G V T Q X X Q W D Z U Y C Q O P
K N T G L D R M B E U W R B Q U F O
I T X A S W V B V L C C D X M I S I
F C P R O B L E M C T W I V A Z M N
Y V W O V L S W T O I Y V E W F L T
J T Z I C I K M R M O S Y Z H Y T I
E L E C T R I C W E N A A A R C C N
K E R S R V X G B W U S P H X Q X G
M A H Z J Z N E G P I W D P M F J H
D N Y Z Y J B N X P E R F E C T L Y
D F R E N C H S K L F B V Z K S M N
U V G H M E P K Y J T Z V L S A A Q

INTRODUCTION   PROBLEM
CERTAIN   ELECTRIC
WELCOME   POINTING
FRENCH   PERFECTLY

Word Search

```
R O G S O E Q H K J F B N J W Y X L
M M D N V N T T F Y P T W J U T A F
Q U S T A T I O N S Z B N V T J K S
B D C N O I T C G T Z D S R S Y P P
B D J H N T P P Y X J L V M S L Q I
U U V C Q L B H L A N O G J W A I P
B E U J P I E D F R O A X K H D A Z
U I W R X N B K L E B R K X E K L X
K E P Q I G Q U M I N D I C A T E S
L R O I W E C G R I N D S N J K N Q
D E T E C T A Q R K R N K E F C Y N
S T Z R I N U U W I S E G J D Z V C
E S H O F N B W Q P F V L A T E T V
N O H V C N G D K Q E P T Q Y A H C
S L F Z A A Y O U R F H S N I M C N
E T B H L O O O S O H G Q U D I M N
I L L H W M F J U X X G F K O Y K Q
```

ATE   SENSE

DETECT   ENTITLING

INDICATES   GRINDS

STATIONS   YOUR

Word Search

```
Z D E Z J Q C K R L T Q Q A U U L J
R J L J S L I C L I J O D P A O C F
X K P P A X J Q R E L A T I O N L R
D X M W G X A Y D H T L E P L X A E
H M A P H N L C R Q O H A P P E N T
O N A D R E N C O U N T E R S E P M
O S V Q L M F R N Z V A L I D I T Y
D Z M B W I V N S C R S W C M A C X
I U W P C N I W X T U T Z J W T X R
F Y E H U U U I S E J D V R P Q G X
F P T I S T Q I N T B M T I F I C P
E S N A A E V G N O R T H E W V E Z
R R J K L S I T H H E L D M K S L I
E A E H M C H N C H C P J I Q J I X
N D W J G M O H L X Y G Y M U R O Q
C A S G K Q H R P A M M I W V L E Z
E A P Y K A V M R S C B E P R P H Z
```

HAPPEN
MINUTES
ENCOUNTERS
RELATION

VALIDITY
DIFFERENCE
HELD
NORTH

Word Search

```
H P K M N U K Q E X G R A P H I C S
P U P K E A H J U U V B D E B D I G
E V K Z X X U Q T M T E V U H Y Y Y
X Y P P A V Q S M V A E B M R T L P
A Z E I G C G J K L U V M U R S U Z
A M I Y F B G Q X O P P O S E S E H
A X Z D L C S C K N O L I W O K M P
N Y C D R M I S L E A D J R M E H X
G K F O C K S P O T S K X N B Z E Z
L P Y I H S H A C I C W G W Q I Z O
E E L N A C R X U U E J H M K K K Z
B B O G N R D K G C R E G W O H J U
G D U U G A V T C H F A E O L N N S
B C X J E U J P Q D R R X T O W N F
O G Y L Y I Q U A Q H H F X L U N T
T J E Z R A T I D M R F P U C Y C A
I U W B T D K G J J H Z S R L L Q O
```

OPPOSES   CHANGE

SPOTS   TOWN

MISLEAD   GRAPHICS

DOING   ANGLE

Word Search

G Y Z Z Z K I F N U S O I N B B U I
E P Q Y P U D V M A T H P G N R X W
S L C U O I X K E G U X N Y U H C U
M Z F A S G M X A U D L L K W W G U
F R W A A D J L P U I B Q R I E N D
O X T Z N S L F L Z E M X W Y Y R C
Q L U O S G T P P A D U F V T P I T
S R X D H B L G O R D E R I N G B T
P M W R P U Z M J Z J C D F E D B P
O L O A N Y H Y C D I C N O Q A R R
K D Y Q C L O C E D D H X F Y E A X
E Y Q T J O E T Q W Q E I H M F U G
H U V E F V U Y W R B B B I Y P F R
A A F Q X X N N D T P F F T S M T E
T F L O W N V U X G O G M T Q F A A
R G Q S E Q C P D M E S L A Q C I T
J O K Q R A A Q T A P K C T A K V I

HAT   BUY
SPOKE   FLOWN
STUDIED   ORDERING
GREAT   LOAN

Word Search

M	B	Q	Z	R	R	N	H	Y	H	V	U	J	J	Q	R	C	R
C	R	D	J	R	I	I	C	U	D	P	Q	G	J	R	G	T	L
T	F	G	C	F	V	V	G	Q	H	Y	H	A	I	Q	N	K	A
R	J	H	I	V	E	W	S	R	A	Y	P	L	R	B	R	V	R
T	I	G	V	H	R	G	R	E	M	E	M	B	E	R	I	N	G
N	S	E	R	X	I	J	S	T	I	C	K	S	H	I	C	I	Y
P	X	J	O	D	F	X	S	G	S	T	U	D	E	N	T	L	W
X	X	S	D	J	S	I	N	U	O	C	E	Y	Z	N	Y	C	S
B	G	E	I	D	U	R	Q	X	R	R	G	T	O	Q	I	V	W
O	R	U	S	W	Y	B	C	R	P	W	L	W	S	E	F	T	T
B	N	B	A	T	Q	U	A	L	I	F	Y	I	N	G	V	Q	A
X	P	I	P	T	F	Q	I	X	W	I	M	K	U	L	B	B	M
X	H	L	P	T	D	I	Z	B	Y	G	L	I	K	I	N	G	O
M	Z	E	E	I	U	G	N	G	U	A	S	H	R	E	W	C	U
X	L	P	A	X	P	H	M	I	M	S	C	T	R	C	G	E	N
F	O	J	R	X	G	X	E	R	Q	X	C	V	V	I	B	U	T
I	Z	H	S	N	H	I	E	W	C	K	Z	N	B	Y	H	A	F

AMOUNT   STICKS

QUALIFYING   LIKING

DISAPPEARS   RIVER

REMEMBERING STUDENT

Word Search

U W O Q C T X Y P H A Q Z A K K I U
R H C L Q E F F O R T S P G P A N B
T H V S W F L P P N S O W R H C I R
M U A E O B H C Y H I C K Q C H I I
W F N M C W F J U U D I O Z Z R U E
U V O P A F F S C N T A F A W E C F
D I R J E V E R Y B O D Y Y N S I L
X N M L Y I F J Y F X N U N O P C Y
G H A T U C S N Z Z Y T X C P O S N
M P L F P P A L B W G L H N Z N J I
Q K L Y I Z V P M X K P Z Q E S Y E
U B Y V C H Q Y N X M K I X I P H
Y U C N Q P L I X J G J G V Q B O E
E W N K C H U Z B A V T G R Z L B U
I Y J M Y A I N S U R A N C E E O N
A J G Q Q N L V S C S N K Y M H S X
C I W E A R S Z N Y S T J I F E S U

EFFORTS	RESPONSIBLE
HAT	WEARS
NORMALLY	BRIEFLY
EVERYBODY	INSURANCE

Word Search

F W B A V G R D U P R E D J U B F W
I T R T D M I F L A S H E D C Z K A
P Y O O T L S A T I S F Y S J X U E
L S W U Q A T J V P D H B K Y E Q Q
N I R C S J W P C P Z L O W Q G X P
U K F H E L P A B J K T V C C F S Y
L K M E N X E N K P Y N R Z W T G W
M K W S D R X W J N T J F N L F U H
X Y D G S E F A M I L I A R O E T I
Q E U Z K C Z G M H M V K T C T E B
J X S Z T H J L O F C M M V K O C A
N T E Z R R A B F D D W K E E Y A O
X R Z L Y E Q K K Y R J B E D D O N
L A I W M Z D Z K J P M L C Y Q A L
H C R F Q M E S S E N T I A L L Y P
N T C Z T E B M M B R S N N F Z M V
T X W H H O X C M N J V I E N O D Z

FAMILIAR	LOCKED
EXTRACT	SEND
SATISFY	TOUCHES
ESSENTIALLY	FLASHED

Word Search

F I Y O Y V W M T V W U U U B B B O
R R B S U L T D N I L B N U A N U M
I M T W A I S O J A O P Z X H E Z E
E G G H L Y U B V C W E T S S N N U
S O C A C B K E S J V D T W P T E F
V M E T A H K R R E A O T C X I A Z
P I X S P H I A R M H T E B N T R L
N L Z O T S L G V O S I R I B L E G
L R D E A F K P U L F I M Q W E R R
V U Y V I O E Q Z L R U I P O D Q L
G J R E N O U A T H I Z N X S X R A
F Y D R Q G F E O N S S O E J K G B
Y N I S I M O V E S Z A L E J P G O
S B Q V D D L C I S Q T O E Q S L T
D U B K S Y M P N W C F G S L V B D
Q G B W N O I S E R C U Y N Y X G D
Q D J Z W T T J T S P V D V F S T R

NOISE   FRIES

WHATSOEVER   ENTITLED

NEARER   TERMINOLOGY

MOVES   CAPTAIN

Word Search

J K H R H H J K A Z X U N M K I H L
S E Q V E K F C S F W T O H L Z Q F
E J Q D J P A E J W C Y V L G K I C
E I L S N K A L O R O V E C C L J C
K S C I E N C E I W U K Y U O T T E
F I A H Z X T Q R N A B B R M O U T
F U D S P W K Q V T I O Y I M L I U
Y A D A O K H K N S J I P Z E V H K
S C P H L Y A J U U F U L B N Q L G
F U K P Z F N A V U C V R T T N D R
N N W V F C G X K R B B Q D M L B X
J O I G S V I R O N V F G R G L X N
M H E A A Q N W Z K R E D I T S I V
G Y K C Y Q G G O I N T E N D C S M
N B F S C K O U Q Y M A X J Q W O G
N R I S K E M Q T C U E U L M X U E
L S M Y P I B E Z D T I E A B Z O A

HANGING	EDITS
SCIENCE	TIE
SEEK	COMMENT
RISK	INTEND

Word Search

Q R E J E C T E D W P U F Y K M O Y
O D M O P I N I O N K T O K M A S W
X G F L K A H D H C J A F V Q C P P
E U T E S O A A E O Q K K W B R E W
D A R E A S I S Z F B E F F V U H A
J E N T I T L I N G P I H K X J B H
S H S R H H W U R Z Q C L C T O R Z
H M F D Y L S J X G K O R H R T N M
N O P Z T M W F O Y K R L V D X N B
I Q O F C J V A M V C R P J M K E Q
X S S C R H U Z B T G E V N E R N Y
V D I Y F K A X A G P C H I P H V N
Q V T B E Z Q D R A W T H S G U S I
H L I E Q Y C E L B W I I O H B F F
Z B O S H O C U N X E O X F Q R N L
N Y N Q D E M B K I D N V K L G H T
O W P B O J E X T B J F U S L L V H

AREAS	OPINION
REJECTED	RAW
POSITION	ENTITLING
CORRECTION	TAKE

www.ingramcontent.com/pod-product-compliance
Lightning Source LLC
Chambersburg PA
CBHW080748120726
48001CB00009B/2715